生命保険に入らないもっともな理由
「保険のプロ」が

後田　亨

青春新書
PLAYBOOKS

はじめに

本書は、

「2人に1人ががんになる時代だから、がん保険に入っておきたい」

「長寿化が進むなか、老後も保障が続く『終身医療保険』に入っておくと安心」

「子どもが生まれたら『学資保険』に入るとよい」

「老後資金準備には『個人年金保険』がふさわしい」

などと考えている人に向けて書きました。**いずれも間違った認識だからです。**


同時に「うまく言えないけれど、保険はどうも胡散《うさん》臭い」などと感じている人も対象にしています。その直感は正しいからです。

簡単な話です。200人に1人ががんに罹《かか》るのではなく、2人に1人ががんに罹る場合、同じ保障内容でも、後者の「がん保険」の保険金支払いに必要なお金は100倍になります。がんに罹る人が多いほど、利用しやすい「がん保険」は存在しにくくなるのです。

「医療保険」も、例えば60歳までの期間限定ではなく、一生涯の安心を求めると、手頃な料金で大きな保障を得るのは難しくなります。老後は入院する人がふえるのだから当然です。

したがって、がんや高齢になってからの入院など、「他人事とは思えないリスク」「年齢とともに高まるリスク」を訴え、保険加入を薦める会社・人・広告等は、明らかにおかしい、と思えるはずです。

「学資保険」や「個人年金保険」にしても、進学時・60歳以降など、人生のある時期に狙いを定めて、有利にお金をふやせる方法があるだろうか？ と考えると、とたんに怪しいものに見えてくるでしょう。

いずれも、常識でわかることばかりです。にもかかわらず、現実には、高まる老後の入院リスクなどに保険で備えたがる人が多いのはなぜでしょうか？ 大人が常識で考えることを妨《さまた》げているのは何でしょうか？

私は「不安」だと思います。広告等の大量の情報によって、日々、喚起《かんき》されている不安が、人々に短絡的な判断をさせているのだと思うのです。

保険会社で広告宣伝等に関わる人たちは、「不安にかられた人は、常識的な判断ができなくなり、保険加入を急ぐ」と認識していて、広告の効果なども確認済みなのではないでしょうか。

若くしてがんに罹った芸能人の印象的な体験談などが盛んに流布《るふ》される一方で、代理店手数料等の「契約に要するコスト」がほとんど開示されていないのは、心が揺さぶられ、浮足立った状態で、保険加入の是非を判断してほしいからではないか、と思うのです。

その証拠に、**保険会社で働いている人たちは、CM等で加入が薦められている保険には入りたがりません**。商品の仕組みなどに明るい人ほど、保険加入を必要最小限にとどめています。現状、「医療保険」「がん保険」「死亡保険」の保険料には、代理店手数料なども含む保険会社の諸経費が20～60％程度も含まれているので、**「お金の不安を解消するために『お金を失いやすい手段』を愛用する」**ことになりかねないからでしょう。

彼らが入るのは、社員向けの「団体保険」です。掛け捨ての安い保険で、子育てが終わるまで、あるいは定年まで、世帯主の死亡保障を確保する程度にとどめているのです。

一方で、医療保障などは、国の「健康保険」が最強と認識していて、「終身医療保険」不要論者も珍しくありません。また、保険に貯蓄性を求める人もいません。

保険を「お金を用意する際、高いコストがかかる手段」と見るか、「不安を安心にかえるために、入っておいたほうがいいもの」と見るかによって、判断が180度くらい変わるわけです。どちらが正解でしょうか？

私は、数年来、必要最小限の保険活用が望ましいと、自著や各種の媒体を通じて言い続けています。同じような考え方を広めようとする人たちも徐々にふえてきています。

ただ、保険相談の場で「保険には極力入らないほうが良いと、論理的には納得しています。それでも『本当に良いのか？』と心細くなる自分がいます」とおっしゃる人は少なくありません。

そんなお客様とは「理屈はわかるんです。でも、やっぱり不安で……」「不安はなかなか消えないですよね、だからこそ……」といった言葉を繰り返し交わすことになります。感情の問題は根が深いので、何度も立ちどまって考えてみることが大切なのです。

本書がお客様との「対話形式」になっている理由も、そこにあります。著者の独演会よりも、お客様とのやり取りを記録し、まとめるほうが、読者の方の納得感が高まるのではないかと考えたのです。

対話のお相手は、青春出版社の中野さんに紹介していただいたフリーライターの中村さんです。中村さんは「保険に入れば安心。何も入っていないのは不安」と感じている30歳目前の女性です。広告等の影響も強く受けています。

本書は、中村さんが、私との対話を通じて、時に驚き、戸惑い、反発しながらも、納得がいく保険との付き合い方を見つける過程の記録でもあります。

そこには、中村さんとは年齢・性別・職業・家族構成などが違う多くの読者の方々にも、共感していただける心の動きや、共有し、役に立てていただける知見が少なからず含まれていると思います。

保険をよく知る保険会社の人たちのように、**保険を「お金を用意する手段」として冷静に評価**出来るようになれば、保険との正しい付き合い方はおのずと見えてきますし、それは年齢等を問わないものだからです。

断っておきますが、私は、「保険否定論者」ではありません。「不要論者」でもありません。現状、検討に値する保険は限られているものの、保障が必要な人には、ふさわしい保険があると認識しています。

そこで、**保険に入ったほうがいい人、見直し・入り直しをしたほうがいい人のために、「わ**

かりやすく、保険料が安い」商品を具体的にご紹介する章にも紙数を割くことにしました。加えて、私自身が加入したい保険を語る中で、「どんな人が、どんな保険に、どれくらい入ったらいいのか」「誰に相談したらいいのか」といった情報も、中村さんに伝える形で、読者の皆さんにご紹介しました。さらに、「保険より有利な老後資金準備の方法」や「投資に関する疑問」などにも触れています。

結論を言うと、本書での対話を通じて、中村さんの保険観のようなものは、劇的に変化しました。不安をあおる広告等に心を乱すことがなくなり、今後（貯蓄を含め）自由に使えるお金がふえることになったのです。心境をひと言で表すと「スッキリした！」とのことです。読者の皆様にも、同じような感想を持っていただけると何よりです。ぜひ、最後までお付き合いください。

目次

2章

「お金が戻ってくる保険」の隠されたデメリット
――「掛け捨て」以外の保険を絶対に薦めない理由

3章 実際に保険ショップで営業を受けてみた
――ショップの店員おススメ保険のウラ事情

4章 「一生涯の安心」なんて幻想
――長期契約ほど高まるリスクがある

5章 年金不安はこう考えるとラクになる

――国の公的年金があてにできない人の対応法

6章 それでも保険に入るなら、見直すなら
――「保険のプロ」が薦める、検討に値する保険商品とは？

帯・章扉イラスト／嘉戸享二
編集協力／中村未来
本文DTP／エヌケイクルー

※本書の情報は特にことわり書きのないものは2017年6月時点のものです。

プロローグ――保険はできるだけ入らないほうがいい!?

私、中村はフリーランスのライターとして独立して早3年。特に大きな人生の転機を迎えることなく、もうすぐ30歳を迎えようとしていました。そんな時、高校の仲良しだったメンバーと集まることになったのです。

A子　そうそう、私ね、保険に入ったんだ。
中村　えっ、保険に?
A子　うん、がん保険と医療保険。だって、いつ何が起きるかわからないでしょ。最近、芸能人ががんになったっていうニュースもよく見るし。いざという時のために、入ったほうがいいかなって思ったんだ。
中村　そうなんだ。

B子　A子も入ったんだ。実は、私も最近、保険入ったんだよね。
中村　え、B子も？
B子　うん。個人年金。ほら、私たちの世代って、老後に年金もらえないって言うじゃない？　だったら、自分で用意したほうがいいかなと思って。
中村　二人ともすごいね。お金についてちゃんと考えてるんだ。
A子　普通でしょ。私たちもう30なんだから。この前子どもが生まれたC子も、終身保険と学資保険に入ったって言ってた。
B子　やっぱり、大人になったら、保険の一つにでも入っとかなきゃって思うよね。
A子　うんうん。
中村　（大人になったら保険に入るのは普通なんだ……。もしかして、何も考えてないのって私だけ？　このままじゃ、マズいんじゃないの……!?）

そんな話を聞いて、いても立ってもいられなくなっていたちょうどその時、知り合いの編集者に保険コンサルタントの後田さんを紹介され、保険に関する思いや疑問をぶつける機会を得たのです。

後田（以下、省略）お待ちしてました。後田です。

――あ、どうも。

保険に関して、気になっていることがあるとか。

――そうです。私、もうすぐ30歳になるので、そろそろ保険に入ろうかなと思ってまして。さっそくなのですが、私にピッタリの保険を教えてください！

はい。では、まずは中村さんがどんな保険が気になっているか教えていただけますか？

――気になってる保険はいくつかあるんです。まず、友達の入った個人年金。老後のための貯蓄ができるんですよね。あとは、がん保険とか医療保険も入りたいと思ってて。万が一病気になった時も安心ですよね。あと、女性向けの保険も、いまはたくさんあるって聞いて……

なるほど。気になることが多いんですね。

――そうなんです。私にピッタリの保険を紹介していただけますか？

保険を紹介する前に、まずお伝えしなければいけないことがあります。

――はい。

保険は、できるだけ入らないほうがいいんです。

――え？　後田さんって「保険コンサルタント」ですよね。

そうです。

――おススメの保険を教えてもらえると思って来たのですが、入らないほうがいいってどういうことでしょうか？

考え方を変えないと、中村さんはたぶん、お金のことで苦労すると思います。

――いざという時にお金の苦労をしなくて済むように、保険に入るんじゃないですか。このまま保険に入らなければ、万が一の時、私、どうすればいいんですか？

まぁまぁ、そんなに焦らず。少しゆっくり考えると、意外に簡単な保険との付き合い方がわかりますよ。

1章

「保険に入っておけば安心」の大間違い

――プロは知っている、保険はお金を失いやすい手段!?

「保険はできるだけ入らないほうがいい」ってどういうこと？

――保険に入らないほうがいいとおっしゃいますけど、私の家族も友達も、みんな保険に入ってますよ。

まあ、そうでしょうね。ただ、まわりの人は保険のことをちゃんと勉強しているのでしょうか？

――う～ん、そんなには勉強してないかもしれません。でも、営業の人の話を聞いて、自分で納得して入っていると思います。

保険のことをよく勉強してない人（家族や友達）と、保険を売れば売るほど儲かる人（保険の営業）の話だけを聞いて保険に入るって、なんか危なっかしくないですか？

――でも、芸能人が病気になったというニュースをよく聞きますし、身内や友人でも急に入院する人もいました。私がそうならないとは言えないし……

中村さんが不安になるのはよくわかるつもりですよ。

――そうですよね？ もし、いまがんなどの病気になったら、本当に困ります。入院費も治療費も高額って言うじゃないですか。とても払える気がしません。というか実際、そんなお金はないので、払えません！

はい。だからこそ、なるべく保険には入らないほうがいいんです。

――え？

なぜなら、**保険は「お金を失いやすい手段」**だからです。

――ん？？？

1万円入金すると3千円超の手数料が引かれるATM？

中村さんは、保険がどういう仕組みになっているか知っていますか？

――大体はわかってるつもりですけど。

知ってる限りでいいので、私に説明してみてください。

――え～と、毎月決まった保険料を保険会社に支払っていれば、万が一病気やケガをした時に、まとまったお金がもらえる。……簡単に説明するとこんな感じですかね。

加入者から見た保険は、大体そんな感じですね。では、保険会社の社員の給料や会社の経費、維持費は、どこから出ていると思いますか？

——それはもちろん、私たちが支払う保険料からですよ。

そうですよね。したがって、加入者が受け取るお金は「保険料から諸々《もろもろ》の経費を差し引いた残りのお金」になります。

——それはそうでしょう。経費がまかなえて儲けも出るようになっていないと、保険会社の経営が立ちゆかなくなるし、保険会社が潰れちゃったら、それこそ、病気になった時に困るじゃないですか。

諸々の経費が、〝保険というサービスの利用料〟として引かれるのは納得できる、ということですね。

——もちろん、そのとおりです。

では、その利用料（経費）って、どれくらいが妥当だと思いますか？　例えば、月に1万円の保険料を支払うとして。

——う〜ん、難しい質問ですね。1000円くらいでしょうか？

1000円ですか。結構持っていかれますね。

——病気になった時に〝お金をもらえるサービスの利用料〟ですよ。もしかすると1000円でも安いかもしれません。正解はいくらなんですか？

実は、正解はわからないんです。なぜなら、保険会社が公開していないからです。

――あっ、そうなんですか。

そんなに驚かないんですね。

――ええ。そういうものなのかな、っていう認識です。

保険会社が開示しているデータから推計すると、主に入院などに備える売れ筋の「医療保険」で30％くらい、大手の死亡保険だと60％を超えるものもあります。保険の種類や会社によって違いますが、**保険料が1万円だとすると、そのうち2000円～6000円超が、保険会社に入る**という計算です。

――2000円～6000円超が経費として引かれている、と……。私の予想よりちょっと多いですね。

私はよくコンビニのATMで例えています。

――ATMですか？

はい。ATMで1万円を入金したら、手数料が2000円～6000円超かかるイメージです。虚心に考えると、こんなATMを愛用するのはヘンだろう、と思うんです。そもそも手数料がわからないATMを使うだろうか？　と考えてもいいでしょう。

——うーん……でも、どんな商品でも、販売価格は、原価に3割くらいはプラスされてるものですよね。保険が例外でないとしてもおかしいとは思いません。まして、いざという時に備えるわけですから……。そういうものかなとも思います。

なるほど。ではもう少し質問していきましょうか。

タレントが若くしてがんに……だからがん保険は必要？

先ほど、「病気になった時が不安」とおっしゃっていましたが、例えば、どんな病気を想定しているんですか？

——がんですね。最近、有名な女性タレントさんたちが、若くしてがんになったニュースをよく聞くので、自分も例外ではないのかもと不安になってしまって。現に、親戚にもがんになった人が何人かいるので、もしかしたら、うちはがん家系かもしれません。ああ、考えてたらまた不安になってきました。

がん家系というのであれば、私の家系もがんが多いです。ただ、いつも不思議に思うのが「がんに罹《かか》る人が多い。がんは他人事ではないから、がん保険に入ったほうがいい」という論法です。

――ええっ!? どうしてですか。日本人はいま、2人に1人ががんになる時代らしいです。だから、がん保険には絶対入りたいです!

まさに、そこなんです。がんに罹る人が多いと、安い保険料で手厚い保障が得られる「がん保険」は成り立ちにくくなると思いませんか? 保険会社も保険金支払いがふえて、大変になりそうなのに、積極的に売りたがるのって、なにかヘンだと感じませんか?

――……たしかに……でも、がんは怖いですよ。備えなくていいんですか?

何が言いたいのかというと、**保険は「確率」でできている**ということです。

――確率……?

はい。中村さんががんになる確率ってご存知でしょうか。27ページの図表1を見てください。国立がん研究センターが発表したデータによれば、30歳の女性が10年以内にがんになる確率は、1%です。

――40歳までの10年間にがんになる女性は、100人に1人ということですか?

そういうことです。100人に1人なら、確率としては低いと思いませんか。ちなみに、がん家系、つまり遺伝でがんが発症する確率は、5％以下だという研究報告もあります。
——でもそれって、私が100人のうちの1人になる可能性があるということの証明でもありますよね。それに「2人に1人はがんになる」って言いますし。

はい。30歳の女性が生涯でがんに羅患する確率は、47％のようです。老後に罹患率が上がって、一生涯では、男性で10人に6人、女性は10人に4人が、がんに罹るとデータは示しています。

——やっぱり！　ほぼ50％じゃないですか。だったら、「がん保険には入っておこう」って思うのが普通だと思います。そもそも、保険って、「もしも◯◯になったら」という心配に備えて入るものですし。

はい、「不安を安心に変える」といったコピーを目にすることもありますし、データの受けとめ方も人それぞれでいいと思うんです。ただ、確率を知ると、視点がふえるせいか、保険の見え方が少し変わるんですよ。例えば中村さんは、1％の確率で100万円が当たる宝くじを、17万円で買いますか？

——なんですかその質問。17万円もする宝くじ、普通、買わないですよ。そもそも99％外す宝くじにそんな大金はかけないです！

（図表1）現在年齢別がん罹患リスク

男性

現在の年齢	10年後	20年後	30年後	40年後	50年後	60年後	70年後	80年後	生涯
0歳	0.1%	0.3%	0.5%	1%	3%	8%	22%	42%	63%
10歳	0.1%	0.4%	1%	2%	8%	22%	42%		63%
20歳	0.3%	0.8%	2%	8%	21%	42%			63%
30歳	0.6%	2%	8%	21%	42%				63%
40歳	2%	7%	21%	42%					63%
50歳	6%	20%	41%						64%
60歳	16%	39%							63%
70歳	30%								61%
80歳									54%

女性

現在の年齢	10年後	20年後	30年後	40年後	50年後	60年後	70年後	80年後	生涯
0歳	0.1%	0.2%	0.6%	2%	5%	11%	18%	29%	47%
10歳	0.1%	0.5%	2%	5%	11%	18%	29%		47%
20歳	0.4%	2%	5%	11%	18%	29%			47%
30歳	1%	5%	10%	18%	29%				47%
40歳	4%	9%	17%	28%					46%
50歳	6%	14%	25%						44%
60歳	9%	21%							41%
70歳	13%								36%
80歳									29%

「がん登録・統計（2012年データに基づく）」（国立がん研究センター）より

常識的に考えたらそうですよね。実は、数字だけで見ると、がん保険はそういうものすごく不利な賭けなんですよ。

――不利な賭け？

中村さんが、「一生涯、がん診断時に100万円の給付金が出るがん保険」に入ったとします。保険料が1437円くらいですから、年間の払い込みは、1万7244円です。先ほどの国立がん研究センターのデータに照らし合わせた時、30歳女性が10年後までにがんにかかる確率は何%でしたか？

――1%です。

つまり、「100万円の給付金をもらえるのは、100人中1人」なんです。しかも、これをもらうためには、毎月保険料を支払わなければならない。10年間支払い続ければ、合計17万2440円。ですから、100万円×1%で向こう10年間で見ると、1万円のために17万円強支払うことになるんです。80歳まで期間を延ばしても100万円×29%で、29万円のために86万円以上支払う計算です。

――なるほど。17万円の宝くじって、そういう意味ですか！

宝くじに置き換えて考えてみたら、買わないですよね。

――1％の確率で100万円が当たる17万円の宝くじは私だって買わないです。でも、宝くじと保険は違いますよ。がんのほかにも、日本人がなりやすい病気ってありますよね。心疾患とか、脳卒中とか。

保険会社では、その2つとがんを合わせて三大疾病なんて呼び方をしてますね。

――それです、それ！　後田さんの説明では、なる確率の低い病気のために保険に入っても損するだけ、ということですよね。だったら、がんも含めた三大疾病（がん、心疾患、脳卒中）の保険に入ったらいいんですよ。保障の範囲を広げれば、お金をもらう確率だって、グッと上がりますよ！

さっきも言いましたが、お金をもらえる確率が高い保険が、商品として成り立つのはおかしいって思いませんか？　危篤状態の人が、200万円の葬儀代を用意するために入れる保険があったら、保険料は「200万円＋保険会社の経費」で確実に200万円を超えるはずです。そんなの保険じゃないですよね。

――そうかもしれませんが……

中村さん、いつのまにか、「保険料の元を取ってやろう」という方向に向かっていませんか？　そもそも保険の目的は、病気の不安を解消するためだと言ってたのに。

――お金がもったいないとか、不利な賭けだとか言われたから、つい……

たしかに言いました。ただ、いまの中村さんは、〝手段〟が〝目的〟になってきているのでは？　と感じます。

――手段が目的……？　どういうことですか？

保険は、リスクに備える〝手段〟でしょうか？　それとも保険料を回収することを〝目的〟として利用するものなのでしょうか？

――それは、もちろん、リスクに備える手段です。

ですよね。それなのに、「がんに罹る確率が低いなら、三大疾病も上乗せして確率を上げればいい」となってしまうと、これはもう、保険料の回収が目的になってきていて、保険本来の使い道から外れてきていますよね。

――う～ん、たしかに。

がんの不安、お金の心配事といった話になると、脱線しやすいんです。だから、少し立ち止まってみてほしくて、確率の話をしたんです。

保険会社は、「人ががんに罹る確率」から、保険金支払いに必要なお金の額を計算して、そのうえに代理店手数料だとか、諸々の経費を上乗せして、ちゃんと収益があがる保険料設定をしています。「がんに罹った人を応援したい」という思いもあるでしょうが、「確率に基づく計算では、かなり儲かる」から販売している面もあるのではないでしょうか？

ひょっとしたら、「不安にかられている人たちには、暴利が疑われる価格設定でも通用するかもしれない。月々数千円なら、経費の割合など気にしない人もいるだろう。ずいぶんボロい商売じゃないか」と思っているかもしれませんよ。

——そんな……

意地悪な見方ですよね。でも、慈善事業ではないわけですから。例えば「うつ病保険」って聞いたことないでしょう？

——はい、聞かないですね。

確率論が働かないからですよ。一生涯の保障を約束するような商品を作るのが難しいんです。うつ病になる人がふえていて、これからどれくらい増加するのか、入退院をどれくらい繰り返すのか、自殺する人はどれくらいいるのかなど、諸々の確率を、見込みで保険料に反映させるのが難しいらしいです。

——見込みを間違えると保険会社の経営が厳しくなるとか……

そういうことです。一般の人から見ると、保険は不安を解消してくれるお守りみたいなものに感じられるかもしれないですけど、断じて万能ではない。歓迎したくない事態が起こる確率が読みづらいものは、商品化できない。言い換えれば、商品化されたものは、**控えめに言っても、保険会社にとって「悪くない賭け」が仕掛けられている**と見て、「とにかく不安だから、入っておこう」と前のめりになるのではなく、価格に見合う価値があるのかを見極めて利用したほうがいいと思うんです。

——う〜ん、でも、どうやって見極めるんでしょう？

繰り返しになりますが、保険は、お客さんが支払った保険料から、保険会社の経費を引いて残ったお金が、何かあった人に分配される仕組みなので、**加入者全体の収支はマイナスになるように設計**されています。

——はい。

なので、あえて損得という言葉を使うと、**損を覚悟でも利用する価値があるかどうかを判断する**必要があります。もともと、マイナスが出やすい仕組みですから、どこかで「得してやろう」といろんな保険に入るほど、損が膨《ふく》らみやすいんですよ。

ギャンブルよりお金を失いやすい仕組み？

中村さん、保険の「還元率《かんげんりつ》」ってわかりますか？

——保険の還元率というのは、払った保険料に対して、入院した時なんかに受け取るお金の割合がどれくらいあるか、ということですか？

そうです。ちょっと問題を出してみましょう。次の3つの商品があるとして、中村さんだったらどれを買いますか？

①還元率が50%弱だという判断材料がある商品
②還元率が75%だという判断材料がある商品
③還元率が40～80%程度だと見られるが、判断材料が乏しい商品

——この中だったら、②ですね。還元率が高くて、なおかつ判断材料があるからです。

普通に考えたら間違いなく②を選びますよね。では、反対に一番買いたくない商品はどれですか？

――③……ですかね。還元率が最高で80％と一番高いですが、バラつきが大きいし、判断材料が乏しいとなると、手を出すのは怖いです。

実はこれ、**①が宝くじ、②が競馬、③が保険の還元率**を表しているんです。

――③が保険ですか!?　ということは、還元率だけで考えたら、競馬が一番お金が戻ってくる確率が高いということですか？

そういうことです。還元率を見たら、ほとんどの保険は競馬よりダメで、宝くじよりマシなものと、宝くじより酷《ひど》いものが混じっているような状況です。

――とはいえ、競馬はいつ当たるかわからないじゃないですか。ギャンブルと保険は同列では比べられないと思うんですよね。

保険もいつ当たるかわからないでしょう（笑）

――そうですけど……でも、やっぱり後田さんは間違ってますよ。保険は、ピンチの時に当たるじゃないですか！

たしかにおっしゃるとおりです。私は、まさにそのことが人の判断を狂わせているのではないかと思っているんです。

ゆっくり考えてみてくださいね。そもそもギャンブルにお金をつぎ込むのが問題視されるのはなぜでしょう。胴元の取り分だけ、お金が失われやすいことがわかっているのだから熱くなってはいけない、と思われているからではないでしょうか？

——ええ、正直、胴元の取り分を考えたことはなかったですけど、時々当たるけどたいてい外れるから損しやすい。だから、のめりこんだら身の破滅というイメージですね。

つまり、お金の還元率の悪さを薄々感じていて、警戒しているわけでしょう。で、当たりが出るかどうか、自分でコントロールできない点は、ギャンブルも保険も同じですよね。

——はい。

そこで思うんです。**いつ当たりが出るかはわからない仕組みにお金を使う場合、できるだけ、還元率が高いことが望ましい**ですよね、大切なお金を使うんですから、少しでも損失を抑えたい、自力でコントロールできることはそれくらいしかないわけです。

——そうですね。

でも、だからといって、毎月馬券を買っていざという時に備えようなんて人はいませんよね。

——もちろんですよ、競馬で当たる気がしないですし。……あれ？　でも計算上は保険よりはマシな仕組みのはずなのに、おかしいですね。

おかしいでしょう？　私はそこが不思議なんです。**ギャンブルにはまると、「早く足を洗え！」と言われるのに、保険にははまっていないと「それでも大人か？」みたいな展開になる（笑）**。ギャンブル以上にお金を失いやすいかもしれない仕組みに、毎月、一定額のお金を何十年も払うことが、当たり前のように思われている。

――でも、それは、保険ならではのメリットがあるからですよ。たとえいまお金がなくても、保険ならピンチの時にお金がもらえます。

たしかに。でも、お金がないと言っている人こそ「保険以外に頼る方法がない」と考えるのは危険な気がします。先ほどのＡＴＭの話を思い出してください。

――保険は、１万円入れたら、３０００円くらい手数料が引かれるＡＴＭと同じというお話ですよね。手数料分損してるかもしれないけど、「安心料」だと思えば納得できます。

お金の心配をしている人が、わざわざ大幅なマイナスが見込まれる方法でお金を用意するってヘンじゃないですか？　１万円預けたら自動的に３０００円が引かれるＡＴＭって、普通、使わないでしょう。

――それは、そうなんですけど……

結局、不安のせいだと思うんです。不安が普通では考えにくい選択をさせてしまうのではないでしょうか。

人はなぜ「不合理な選択」をしてしまうのか

――ATMの例えは、頭ではわかるんです。お金がないと言ってるのに、わざわざ3000円を無駄に払おうとしているのはおかしいですよね。お金を用意する方法として、合理的ではないかもしれません。でも、明日大ケガするかもしれないし、来週がんが見つかるかもしれません。

そうですね。可能性はゼロではないですね。最悪な事態を想定すると、落ち着かないですよね。よくわかりますよ。

――わかっていただけますか！

はい。だからこそ、何度でも立ち止まったほうがいいと思うんです。中村さんは、不安で仕方がない時、冷静な判断ができる自信がありますか？

――自信ないですね……。不安で落ち着かない時はミスをしやすい時です。

そうでしょう。だから、まず立ち止まる必要がある。でも、病気になった時やお金が足りなくなった時のことを想像すると、居心地が悪いですよね。それで、早く落としどころを見つけたくなって、間違った選択をしがちになる、そういうことかなと思います。

――間違った選択というのは、やたらと保険に入っちゃったりすることですか？

そうです。私は**「一件落着願望」**って呼んでいるんですが。

――「一件落着願望」ってなんですか？

不安やお金の問題と向き合うこと自体、それなりのストレスがかかりますよね？

――はい。そもそも、私の場合、保険のことをよく知らないですし。

中村さんだけではないですよ。知らない人が大半でしょう。常識的な判断では「よくわからないから、早急な決断は避けよう」となるはずです。ところが、不安にかられていて、落ち着かないものだから、早く手を打ったことにしたくなる。で、「保険に入っておけば安心」という結論に至りやすいのではないでしょうか。

――う～ん……。そういう面はあるかもしれないです。

無理もないことかもしれません。でも、本来、落ち着いて判断することが大事なのに、判断から解放されることが優先されている感があります。**正しい選択をすることより「気が収まる」ことを優先する**というか、それでは本末転倒ですよね。

――でも、一件落着したいという願望、私にはすごくわかります。臭いものには蓋《ふた》じゃないけど、これで安心って思いたいです。

そうでしょう。だから警戒してほしいんです。保険って、不幸な状況を想定しながら検討することになるので、経費だとか還元率だとか不問にされやすい面があるように思うんです。すべての保険がダメだと言うつもりはないですよ。ただ、早く安心したいからこそ、前のめりになることを注意したほうがいい。お金が大事だから、全面的に無批判に依存するのではなく、慎重に使い方を考えようと言いたいんです。わかってもらえますか？

――だいぶ、わかってきました。でも、私、貯金するのが苦手だという自覚があるんです。10年後はいまより蓄《たくわ》えがあるかもしれないけど、半年後とか1年後に、いきなりまとまった額のお金を用意できるとは思えないんです。そうなった場合はどうすればいいんでしょうか？ やっぱり保険に入らないとマズいんじゃないか……と思う自分がいます。

貯金とセットで考えると、また間違いやすいかもしれないです。「お金が大事だから、手数料が大きすぎると思われるATMは避ける、以上！」としたほうがいいと思います。普段の買い物でも「もったいないかな。この価格設定では納得いかないな」と思ったら買うのを控えますよね。

——たしかに……

お金を大事に扱うなかで、当然の判断を重ねていく、ということでいいと思います。それに、中村さんはすでに保険に入っているんですよ。

——え？　私、保険には入っていませんよ？

民間の保険に入っていなくても、国や会社が医療費や働けない期間のお金を保障してくれる制度があります。国民健康保険など聞いたことがあるのではないでしょうか？

——あ、あります。私はフリーランスなので、個人で支払っています。

国の制度を知ると、保険の選択肢がより狭まってきますよ。

医療保険はいらない？　手厚い公的保障の存在

皆さんそうですが、支払う金額ばかりが気になって、実際、病気になった時などに助かる公的な制度に関しては無頓着だったりします。

——もらえるお金があることはうっすら知ってはいるんですが、役所のホームページとか見づらくてあんまり調べる気にならないんですよね。

お気持ちはよくわかりますが、国の保障、会社の保障、健康保険組合の保障などを知っているのと知らないのでは大変な違いなんです。

――私はフリーランスなので、会社の保障はないですが、国の保障は受けられます。

そうですね。まず、国民健康保険に入っていれば、医療費が3割負担で済みます。1万円かかっても窓口で支払うお金は3000円、ということです。

――歯医者がいつも安く済むので、助かっています。

健康保険は、保険会社の人も認める「最強の医療保険」なんですよ。民間の「医療保険」には入りたがらないくらいですから。

――そうなんですか!?

はい。それくらい健康保険の保障はかなり手厚いんです。例えば、健康保険(国民健康保険でも)に入っていると**高額療養費制度**が使えるのですが、これは70歳未満の方が**「限度額適用認定証」**を保険証と併せて医療機関などの窓口に提示すると、1ヶ月の窓口での支払いが、「自己負担限度額」までとなります。

――限度額ってどれくらいなんですか?

所得や年齢などの条件で変わります。中村さんの場合、70歳未満、年収312万円以下のようなので、仮に1ヶ月で50万円の医療費がかかったとしても、自己負担額は5万7600円で済みます。

——医療費が50万円でも、自己負担5万7600円で済むってすごいですね。

そうです。ほかにも、世帯主が亡くなった時にもらえる「遺族年金」があります。会社員などが加入している健康保険なら、病気やケガで会社に行けない人のために、欠勤4日目から1年半、標準報酬日額の3分の2を給付する「傷病手当金」という制度もありますよ。

——えっ、それって、保険に入ってるようなものですよね？

はい、所得の補てんをする保険になっていますよね。また、会社員なら、勤務先の福利厚生制度の中に死亡保障が入っているところもあるんですよ。

——その会社に勤めている人は、死亡保険に入る必要がないかもしれないんですね。

そういうことなんです。ある実例をご紹介しますね。結果として、医療保険に入らなくても良かった男性の話です。

サラリーマンaさんは、医療保険に加入していた。

●A生命……(おもな保障内容) 手術20万円 入院1日1万円
●T共済……(おもな保障内容) 入院1日4500円
●N損保……(おもな保障内容) 手術6万円 入院1日3000円
49歳の時、眼の病気の手術で10日間入院することになった。
手術は無事終わり、退院する際、窓口で28万円(健康保険による3割+差額ベッド代+食費など)を支払った。

——手術して10日間入院したんですね。医療保険に入っていて良かった例ですよ、これは。

そう思いますよね。でも、まだ続きがあるんです。

ところが、数ヶ月後、aさんは還《かえ》ってくるお金があることを知った。
●会社からのお見舞金 1日1000円
●「高額療養費制度」で限度額(aさんの収入の場合、16万7400円+(総医療費

−55万8000円）×1％）を超えた分は還ってくる。

●さらにaさんが勤める会社が加入している健康保険組合の「付加給付《ふかきゅうふ》」制度で、一つの病院で1ヶ月に2万5000円以上払った場合は、その超過分が還ってくる。

つまり自己負担は1万5000円（付加給付制度の上限2万5000円−会社からのお見舞金10日分で1万円）だったということ。これだけのお金が戻ってくるなら、わざわざ医療保険に入らなくても良かった……とaさんは思った。

——え、これはつまりあれですか、公的制度や会社からの補助だけで、なんとかなったということですか？

はい。aさんの場合は、健康保険の保障などで、手術や入院費は十分まかなえたのですが、それをよく調べずに医療保険に入っていたんです。さらに、会社からお見舞金が出るというのも知らなかったようです。

——最初にもらえるお金を知っていたら、医療保険に3つも入ることはなかったかもしれませんね。

(図表2) 知っておきたい公的保障制度などの一例

◎健康保険による保障

「健康保険」(自営業者などなら「国民健康保険」)

→病院での治療費などは、70歳未満で3割の自己負担。

「高額療養費制度」(健康保険・国民健康保険ともに)

→1ヶ月あたりの支払いの上限額があり、高額の治療費がかかっても、上限額以上はかからない。上限額は収入によって違い、一般的な所得(336万円～600万円)なら、8万100円＋α。

健康保険組合による「付加給付」

→企業などの健康保険組合において、1ヶ月間の医療費の自己負担限度額(2万円など。組合によって異なる)を超過した分の費用を、高額療養費制度にさらに上乗せして、払い戻す制度のこと。

健康保険による「傷病手当金」

→病気やケガで会社に行けない人のために、欠勤4日目から最長1年半、給与の支払いがない日数分「休む前の給料(標準報酬月額の平均額)÷30日×2/3」が給付される。

◎公的年金による保障

「遺族年金」「遺族厚生年金」

→生計を維持していた被保険者が死亡した時に、遺族に支払われる公的年金。

◎会社による保障

勤める会社の給付制度

→勤める会社が独自に給付する死亡保障や医療保障。

はい。aさんの例でもあったように、勤務先で加入している健康保険によっては、「付加給付」という制度があります。自己負担が1ヶ月2万円までなど、高額療養費にさらにプラスして給付を行っているケースがあるんです。

——わざわざ民間で医療保険に入る必要もないってことですね。

そうなんですよ。既にいろんな制度に守られていることを知らない人が結構多いんです。漠然とただ「医療費が何十万円もかかるかもしれない！」という不安が先に立ってしまってるんですよね。**実際には、何十万円も自己負担することって少ない**んです。

——本当ですね〜。会社勤めの人はちゃんと調べておいたほうがよさそうですね。私は会社の保障はないけど、国民健康保険に入ってるから、高額療養費制度は使えますね！

ですが、注意点もあります。先ほど少し触れましたが、高額療養費制度は事前に「限度額適用認定証」を用意して、支払いの際に窓口で提示する必要があります。それがないと、いったんは窓口で請求された額を全額支払う必要が出てきます。なので、あとから手続きをしてお金が戻ってくるまで、数ヶ月のタイムラグが生じてしまうんですね。

——ということは、窓口で払う分くらいのお金はとりあえず持っていたほうがよさそうですね。

まあ、そうかもしれませんね。

――いずれにせよ、ちゃんと調べてからじゃないと、うかつに民間の保険に入ったら損しちゃいますね。

そうなんです。あわてないでゆっくり考えていきましょう。

1章のまとめ

□保険は1万円預けると2000円~6000円超の手数料が引かれるATMのようなもの。実は「お金を失いやすい手段」。

□不安は正しい判断を妨げる。落ち着かない心理状態で契約を急いではいけない。

□まずは国や会社、健康保険組合の保障制度を知っておこう。

2章

「お金が戻ってくる保険」の隠されたデメリット

——「掛け捨て」以外の保険を絶対に薦めない理由

「よくわからないものには入らない」が正解！

ところで中村さんは、これまでに保険に入ろうと思ったことはなかったんですか？

――いえ、あります。何年か前に一度入ろうかなと思ったことがありました。やっぱり友達の影響でした。

その時入らなかったのは、なぜですか？

――種類が多すぎて何に入ったらいいのかわからなかったんです。がん保険ひとつ取っても、特約とかいろいろあるんですよね。今度でいいかと思って、ズルズルと……。そしていまに至ります。

よくわからないから入るのをやめた、というのは正しい判断だったと思います。

――それならいいんですけど……

（例）

定期（死亡・医療・がん）保険、
収入保障保険、就業不能保険など

がん・医療保険など

養老保険、
変額保険（有期型）など

終身保険、
変額保険（終身型）など

学資保険、個人年金など

（図表3）生命保険の分類

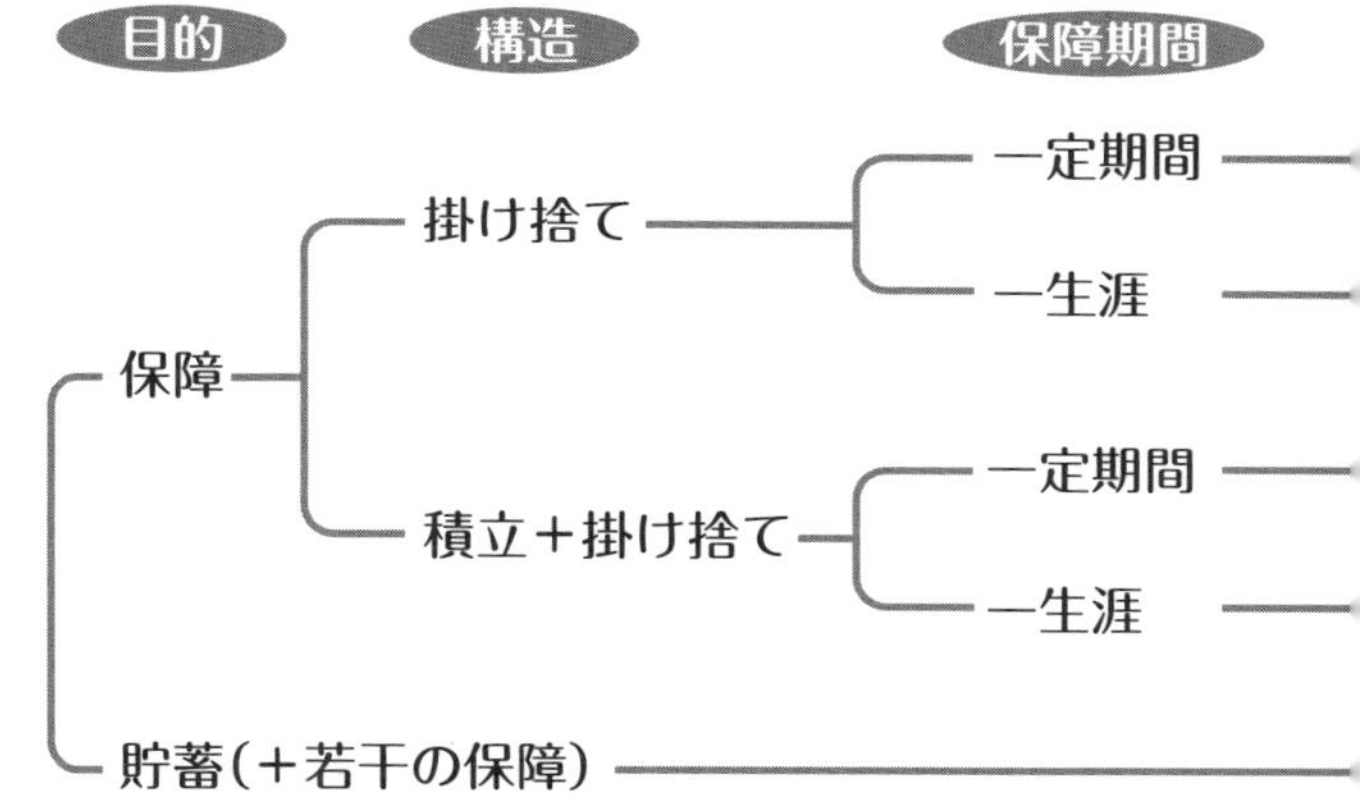

たくさん種類があって、戸惑ってしまうという声はよく聞きますから、保険の種類を整理するところからはじめてみましょう。

これでスッキリ整理！生命保険の種類

保険をざっくり分けると、上の図表のような感じです。だいぶスッキリするんじゃないですか？

――はい。意外とシンプルなんですね！

そうです。種類やオプションがたくさんあるため、複雑に見えてしまうんです。

――シンプルに考えたら、入りたい保険も見えてきました。私は終身保険がいいです！　保障が一生涯続くのが安心だし、積立でもあるということは、お金が還ってくるということですよね。そのほうが絶対いいじゃないですか？

…………。

――えっ、なぜ黙るんですか？

いいえ、私もかつては中村さんと同じように、終身保険や養老保険などの積立部分がある保険を、なんて素晴らしい保険だと思っていた時期があったので。

――……ということは、いまは思ってないということですね。

そういうことですね。終身保険や養老保険は保険料が「掛け捨てにならないところがいい！」と思っていたんです。でも、いまは**掛け捨てこそ保険だ**、と考えています。

「掛け捨て」でしか保険のメリットは生かせない

――どういうことですか？

保険のいいところは、まとまっていないお金（保険料）で、何かあった時にまとまったお金（死亡保険金や入院給付金）が得られるところです。なぜ、そんなことができるかというと、一人ひとりの加入者が払う保険料が少額であっても、全体では大金になりますよね。それが、病気やケガなど、〝何かあった人〟に支払われ、何もなかった人には返金されない。この仕組みがあるおかげで、不測の事態に遭遇した人に、まとまった額のお金を届けることができるわけです。

――はい。

仮に、何もなかった人たちに支払った保険料の大半がその人に返金される仕組みで、なおかつ、不測の事態に遭った人にまとまったお金が届くとしたら、保険料自体がかなり高額になるはずです。

例えば、通常10万円で警備保障を請け負う会社が、警備員の出番がなかった時には10万円返金するというプランを提示してきた場合。料金は警備保障費10万円＋返金用の10万円の合計20万円になっているに違いない、と想像してみてください。

――なるほど。保険の良いところは、掛け捨てになるお金で支えられている、ということですね。

そのとおりです。そういう意味で、掛け捨てという言い方ってどうなのかな、と思うんです。ただ、すっかり浸透しているので、掛け捨てになるお金があってこそ保険なのだと、繰り返し語っていくことにしています。

一方で、貯蓄性もある保険は、積み立てたお金が払い戻しされるのがありがたく感じられるとしても、そのお金が保険の仕組みを支えるために不可欠であるかというと、まったくそうではないですよね。

——それは違いませんか？　だって、契約期間中に万が一のことがあったら保険金が出るというメリットがあるじゃないですか。そこは普通の貯金とは全然違いますよ。

まさに、その積立に加えて保障があるところを問題視しているんです。保障と貯蓄がセットになっているから、評価を間違えやすいんですよね。

——えっ⁉　何がいけないんですか？

「掛け捨てではありません」と案内されている保険が人気なのは、誰もが中村さんと同じように考えるからでしょう。保障も受けられるうえに、お金も戻ってくると聞くと、とても素晴らしい保険に思えますよね。

——はい。なんて、お得な保険だろうと思いました。

でも結論から言うと、貯蓄性もある保険は、掛け捨てより、加入者の持ち出しが大きくなるんです。

——どうしてですか？　いざという時の保障が受けられるうえに、お金が戻ってくるんだから、損するところが見当たらない気がするのですが……

そう思いますよね。ファイナンシャルプランナーの中にも「保険料の総額に近い額のお金が戻ってくる場合、保障にかかるお金はタダみたいなものだ」という人がいますからね。詳しく見ていきましょう。

将来、お金が戻ってくる保険なら損はしない!?

ファイナンシャルプランナーの間で評価が高い「終身保険」を例にしましょう。一般に、次のような図（図表4）で説明されています。

今日・明日にでもお亡くなりになっても、60年後にお亡くなりになっても、500万円が支払われます。保険料の払い込みが終わった後に解約すると、保険料総額を上回る払《はらい》戻金《もどしきん》（返戻金《へんれいきん》）があります。契約例では払戻率が110・8%です。

——やっぱり、絶対損しないように見えます。

そうでしょう。でも、営業マン時代、この類《たぐ》いの保険を売ると給料が上がったんです。歩合制だったので、はっきりわかるんです。ということは会社も儲かるに違いない。「お客さんが絶対損しない保険で会社も儲かる」……そう考えると不思議じゃないですか？

——たしかに……

図を分解すると理由がわかるんです。簡略化した図（図表5）を見てください。

——積立のお金と、保障のお金、2つの図形がありますね。

はい。最初は保障の金額（保険金）が大きく、積立部分の金額が小さいです。まだ、払い込んだお金が少ないので積立金が少ないのは当然ですよね。そして、払い込む期間が長くなると、だんだん積立金額が大きくなっていきます。

——はい、わかります。

積立金額が大きくなっていくと、その分、保障に必要な金額は少なくなっていきます。

——ええと、それは、どういうことなんでしょう？

死亡時の保険金に積立金を使えるからです。「500万円−積立金＝死亡時の保障に必要な金額」ということです。なので、契約年数が長くなるにつれ、死亡保障のために、積立金に上乗せするお金の額は少なくて済むようになります。

——なるほど。

次第に、保険会社から支払われる保険金の大半が、自分が積み立てたお金になっていく

（図表4） 終身保険のプランの一例

～無配当　終身保険（低解約払戻金型）～

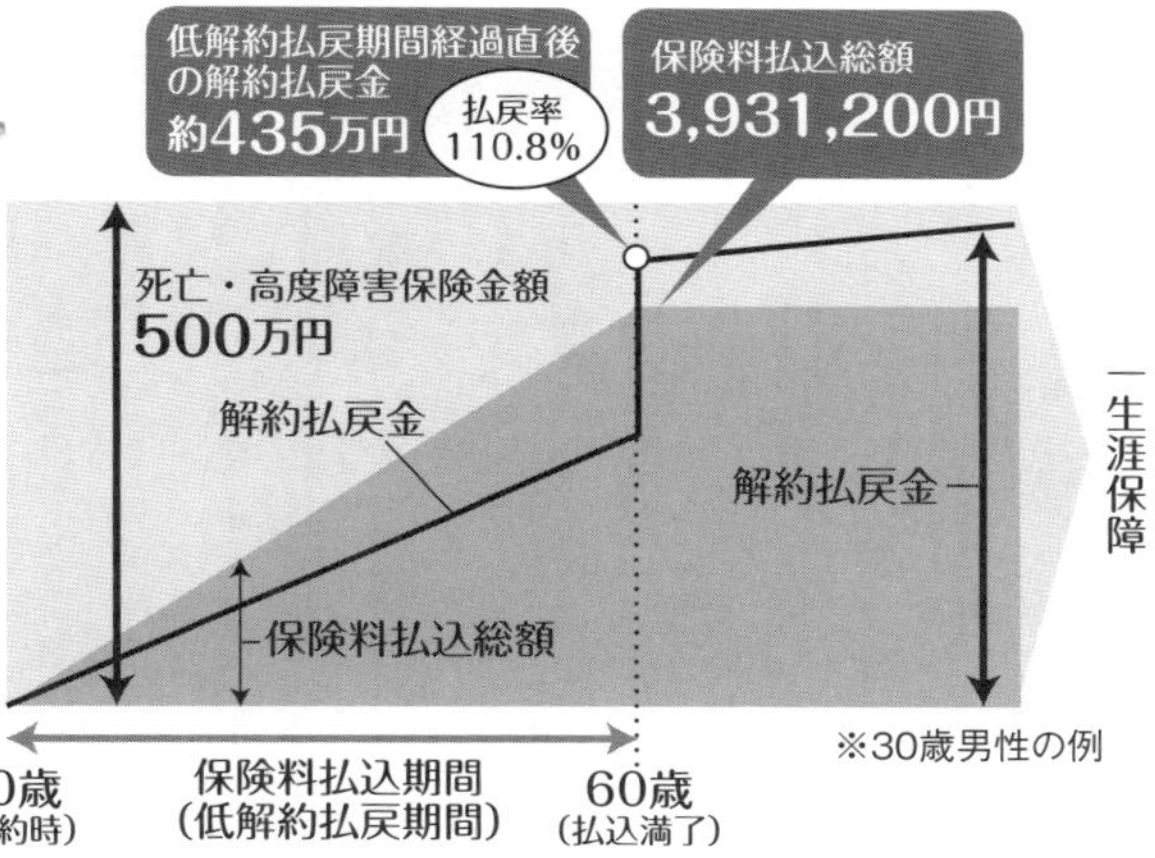

経過年数		年齢	払込保険料累計	解約払戻金	払戻率
低解約払戻期間	5年	35歳	655,200円	444,500円	67.8%
	10年	40歳	1,310,400円	952,150円	72.6%
	20年	50歳	2,620,800円	1,963,600円	74.9%
	30年	60歳	3,931,200円	3,047,800円	77.5%
低解約払戻期間経過直後			3,931,200円	4,355,900円	110.8%
	40年	70歳	3,931,200円	4,571,800円	116.2%
	50年	80歳	3,931,200円	4,755,700円	120.9%

＊低解約払戻金型とは、保険料を支払っている期間の解約払戻金を低く抑えることで、通常の終身保険よりも保険料が割安になる保険。

オリックス生命HPより

仕組みなわけです。それはすごくありがたいことでしょうか？

——そう言われると、お得感は下がる気はします。でも、別に損ではないですよね？　自分のお金がマイナスになってるわけでもないですし……

ところが、マイナスになるんです。契約直後に多額の販売手数料をはじめとする諸経費が引かれるからです。私の給料がふえたと言ったでしょう（笑）。図表6のような感じですね。販売手数料などが引かれている分、マイナスからスタートしています。

——な、なるほど。

「掛け捨てではありません」と言われながら、「大きなマイナスから始まる積立」をすることになるんです。

——そういうことですか。だったら、同じ金額を、銀行などに預けるほうが、少なくともマイナスになることはなく、積立ができると。

はい。保障と貯蓄がセットになっている保険を「お金が戻るから得だ」と評価するのは間違いだと思います。専門知識はなくても、常識的に考えて「保障にもお金がかかる分、貯蓄性は下がるはずだ」と想像してほしいところです。

——それはごもっともです。でもですよ、メリット、デメリットを比べると、また話は変わって

(図表5) 終身保険ははたしてお得か？

(保険期間一生涯、死亡・高度傷害保険金500万円のケース)

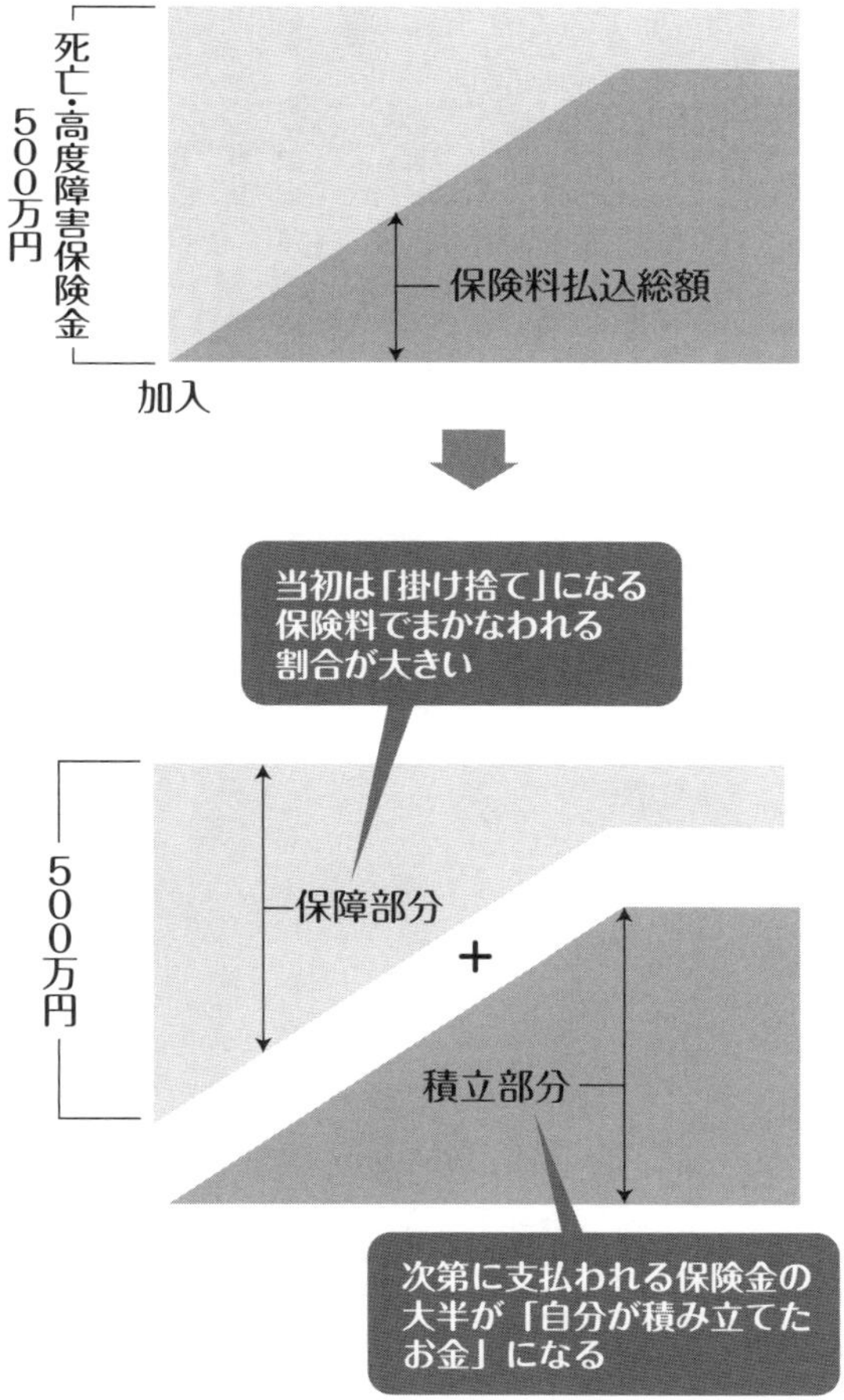

くると思うんです。

メリットのほうが大きいということですか？

――はい。保険料を支払い終わると、お金が一気に100％以上にふえていますよね（図表4）。しかも、満期以降、そのままお金を寝かせておけば、さらに利息でふえていくらしいじゃないですか。

保険料の支払いが終わった後、110・8％だった払い戻し率は、70歳時点で116・2％になっています。

――そうでしょう！　たしかに、保障にお金がかかるのは、貯蓄が目的の人にとってはデメリットでしょう。手数料などの分、マイナススタートの積立というのもデメリットです。でも最終的に、メリットがデメリットを上回ってると思います。

メリットとデメリットを比べるというのは良いと思います。ただ、それなら、〝元本割れする期間がとても長い〟というデメリットも加えないといけませんね。

――元本割れの期間ですか？

はい。先の30歳の男性のシミュレーションの場合ですと、マイナスから積立が始まって、元本割れが解消＝支払った保険料の総額より還ってくるお金（解約払戻金・解約返戻金）

(図表6) 積立部分の現実

販売手数料などの諸経費が引かれるため、
大きなマイナスから積立が始まる

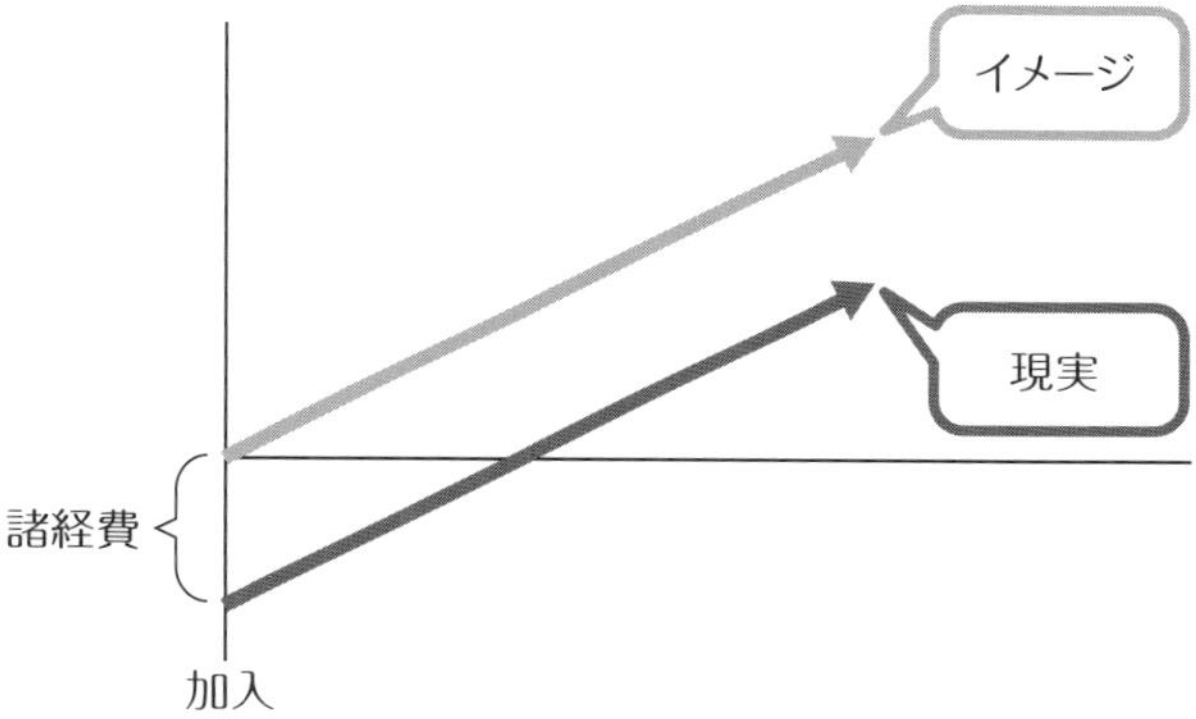

が上回るまで30年かかります。

――でも、老後にお金がふえるんだからいいと思いますよ。

はい。ただ私は、10%強のプラスのために、30年もマイナスが続く条件を受け入れるのはいかがなものかと感じます。仮に金融機関から「30年間、お金を貸してください。30年後には総額に10%ほど上乗せして返金します。そのかわり、30年以内に『いままで貸したお金を返してくれ』と言われても、それが1年後でも29年後でも、常に総額を下回る額しか返金できません」とお金の借り入れを申し込まれたら「メリットのほうが大きい！」って思えますか？

――……そんな条件は嫌ですね。

死亡保障が必要な人でも、そんな面倒な条件付き契約は避けて、掛け捨ての保険にだけ入ったほうがいいって思いませんか？

――たしかに……。30年間契約し続けないと、払った分のお金は取り戻せないというのは、大きなデメリットかも……

ちなみに、複数の保険会社で商品設計に関わってきた人の中には、**30年先の払込満了時まで続く契約は、全体の3割もないと見ている**、と言う人もいます。

――そんなに少ないんですか？　7割の人が途中で解約していることになりますよね。

はい。30年もの長期契約となると、その間に仕事が変わって収入が下がる人もいるでしょう。家を買ったり、子どもができる人もいますよね。一方で離婚する人もいます。保険料を抑えたくなる場面は、いろいろと考えられます。だから、先に中村さんが挙げたメリットは、少なくとも額面どおりには評価できないんですよ。

――ええ〜、そんな〜

あわせて、覚えておいてほしいのは、保障と貯蓄とか、複数の機能があって、仕組みがわかりにくいものに関しては、避けたほうがいいということですね。私が知る限り、**保険に限らず、難解な金融商品はハズレ**です。

――そうなんですか？

はい、素材が悪いから、添加物を大量に使って見た目や味を調《ととの》えた食品、余計なコストがかかっている粗悪品、といったイメージでいいと思います。保険でも仕組みを複雑にすると、手数料をたくさん抜きやすい。加入者からすると迷惑ですよね。

――そういうことでしたか……

はい。

プロも断言！保険でお金をふやそうとする愚

ところで、中村さん。保険料として集まったお金は、どう使われているか知っていますか？

――会社の維持費や、社員の給料になってるというお話でしたよね。

すぐに使わないお金は、運用に回しているんですよ。

――え、そうなんですか？ ただ、貯め込まれてるのかと思ってました。もしかして、常識ですか？

そうですね。機関投資家という言葉をご存知ないですか？

――聞いたことがあるような、ないような……

個人の投資家に対して、顧客から集めたお金を運用する会社などの法人のことを機関投資家といいます。生命保険会社のほか、銀行や、私たちの公的年金を運用している年金積立金管理運用独立行政法人（GPIF）もそうですよ。

――なるほど。運用してさらに利益を出しているんですね。

例えば、日本生命の2016年度決算案では、保険料等収入が4兆6千億円強で、資産運用益も1兆7千億円弱あります。

――すごいですね！　保険会社は、集まったお金をどうやって運用してるんですか？

おもに長期の国債で運用しています。

――私たちが保険料として支払ったお金を、保険会社が国債を買って運用してるんですね。でも、それって失敗しないんですか!?

失敗しないことを最優先しているから、国債での運用が多くなる、という見方をしたほうがいいと思います。

――なるほど。自分で長期国債を運用するのとは、どう違うんですか？　プロフェッショナルに任せたほうが、やっぱり失敗しないのでしょうか？

長期国債だったら、自分で「個人向け国債」を買うほうがいいと思います。保険会社を通して国債を買うと余計な手数料がかかる、と想像したらわかりやすいでしょう。

――へ～、てっきり、プロに任せたほうが安心なのかと思ってました。

そうでもないと思います。保険会社は特別な運用のノウハウを持っていないだろうと思うんです。長期国債の利率が下がるたびに（運用益が減るので）、貯蓄型保険商品の保険料を値上げしてきていますから。国債の利率低下をものともしないような運用は無理ということではないでしょうか。

――たしかに。

投資信託で運用する保険なんかでも同じなんですよ。「変額保険」という、死亡保険金や満期保険金が運用の成果に応じて変わる生命保険商品があるんですけど、保険数理の専門家に「運用目的であれば、変額保険に入るより自分で投資信託を買うほうが、保険会社に手数料を引かれない分、有利ですよね？」って聞いたら「もちろんですよ」って即答されましたから。

――そうかぁ……

現実って身も蓋《ふた》もないことが多いですよね。運用に関して言うと、手数料なんかのコストが大きなインパクトを与えるんですよ。将来の成果は不透明ですけど、コストは確実なマイナス要因ですから。

保険の場合、大半の商品で手数料を開示していないのは、金融商品の中でも破格、つまりお客さんに不利な設定になっているからだと思います。とても自慢できない水準だから開示してない。ですから、保険で貯蓄を考える必要はないんです。中高年の人たちには「保険は貯金代わりになる」という人もいるかもしれませんが、金利が高かった時代の昔話です。

——いつ頃までの話でしょうか？

90年代半ばくらいまでです。もう20年以上前ですね。そんなわけで、私自身、お金が戻ってくる保険に魅力を感じた時期もありましたけど、**保険の価値は保障に尽きる**というのが結論です。「掛け捨て」と「掛け捨てではない保険」を並べてみると、つい後者にひかれてしまいがちな面に注意することが大事でしょうね。必要な保障を効率的に確保する手段なのに、いつのまにか払ったお金を取り戻すことや、お金がふえることが気になってしまう。人はお金が出ていくばかりより、戻るほうが嬉しい。私もそうです。だから、気をつけたいと思うんですよ。

——そうですね、気をつけます。

２章のまとめ

□手頃な保険料で大きな保障を得るという保険ならではのメリットは、掛け捨て保険にある。

□貯蓄型の保険は、手数料が高いので検討に値しない。

□保障と貯蓄など異なる機能が合体している保険は、さらに手数料等が高くなりがちなので避ける。

3章

実際に保険ショップで営業を受けてみた

――ショップの店員おススメ保険のウラ事情

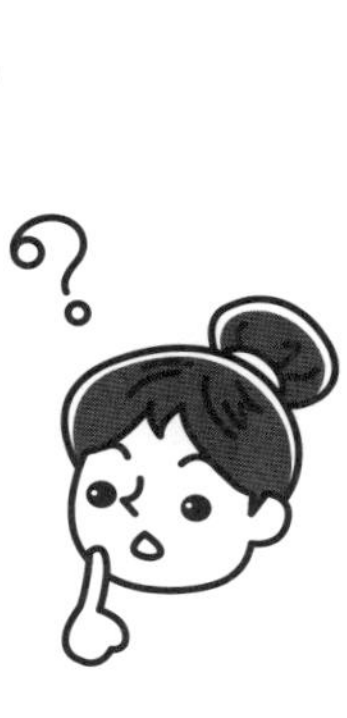

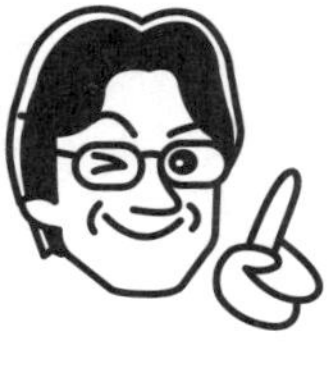

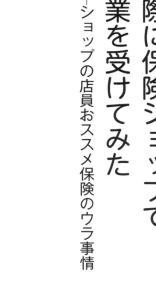

予算の上限まで勧誘される

中村さん、私から提案なのですが、一度、街の保険ショップ（保険の代理店）に行って、話を聞いてみてはどうでしょうか？

――え、どうしてですか？

いまの中村さんの収入や心配事から、どんな保険を薦められるかを実際に体験してみるといいと思います。そうすることで、また見えてくるものがあると思いますよ。

――なるほど。そういうことなら行ってみます。

薦められるがままに契約しないように気をつけてくださいね。

～数日後～

――後田さんに言われたとおり、保険ショップに行ってきました！

どうでしたか？

――はい。実際に営業されると、やはり全然違います。どれも自分にメリットがいっぱいに思えて。

積立保険（貯蓄型保険）なんか、すごくお得に感じました！

　なるほど。どんなところがお得に感じたか、説明してもらえますか？

――はい。まず、自分がいま不安に感じている要素について話したんです。初めて後田さんにお会いした時に話したように、がんの不安、老後資金の不安があることを言いました。それから、毎月の収入と、家賃や固定支出など、お金の出入りを細かく聞かれました。そのうえで毎月いくらぐらいまでなら保険料として支払えますかと言われたので、1万円を提示したんです。

　毎月1万円の保険料ですね。

――そうです。そうしたら、保険料の支払いが合計1万円になる3つの保険をおススメされました。それがこれです（図表7）。

　ほう。

――後田さん的には、どうですか？

　そうですねぇ。やっぱりこんなものかなと感じますね。

――そうなんですか。では、悪い話でもないんですね。

　いや、予算がわかったら、その範囲内で目いっぱい、いろんな保険を薦めるに違いない、という予想どおりということです。今回の場合「お客様のご要望にお応えしました」と言いやすいでしょう。「健康保険」で医療費の個人負担には上限がある、といった話も聞けましたか？

――あ、サラッと出ましたね。でも「入院すると1日2万円近いお金がかかる」とも言われました。治療費だけではなく、食事代、差額ベッド代に加え、お見舞いなんかに来る家族の交通費や衣類その他の日用品などを含めるとそれくらいになると。なので、流されるままに……というか、むしろそれがデフォルト（標準設定）なのかなって思ったんですけど、違ったんですか？

「1日2万円かかると言いながら、入院日額5000円プランがおススメってどういうことですか？」って突っ込んでほしかったですね（笑）。例えば、長浜バイオ大学教授で生命保険に関する著書もある永田宏さんの推計では、差額ベッドの利用率は約4・9％だそうです。差額ベッド代は「必ずかかるお金」ではないんですよ。

――そうなんだぁ。

医療保険の保険料の3割くらいは保険会社の経費として引かれるといった話はありましたか？

――まったくなかったです。

「積立が出来る保険だといっても、代理店手数料などが高いので、マイナスから積立が始

(図表7) 保険ショップで提案されたプラン

①オリックス生命の終身保険（RIZE）

支払いは65歳まで。
月額保険料3756円、保険金200万円。

②メディケア生命の医療終身保険（メディフィットA）

月額保険料2140円。
入院給付金日額5000円のプラン。
女性特有の病気で入院した場合、1日5000円の上乗せ保障がある。
先進医療も2000万円まで保障。

③アフラックのがん保険

月額保険料3679円。
がんと診断されたら100万円（複数回）。
入院も無制限で1日1万円。
手術、放射線治療、抗がん剤の三大治療にも、それぞれお金が出る。

＊2017年5月現在（4月に一部商品名・料金の改定あり）

まります。それでもかまわないですか」といったことも確認されてないですよね？

――はい。終身保険でお金を貯めておくと、老後にがんに罹った時に解約して治療費に充《あ》てることも出来るし、他の生活習慣病なんかにも対応できて、何かと便利だとか言われました。

そうですか……（苦笑）。何が言いたいかというと、保険ショップに限らず、商品販売によって報酬を得ている人たちと、中村さんのような一般の消費者とは、あらかじめ「利益相反」の関係にあるということです。「積立であれば、手数料が高い保険は不利だと考えます」といった助言を代理店がするのは難しい立場なのだと、消費者が理解しておく必要があります。

よく知られている保険とプロが評価する保険は違う

――でも、終身保険を解約したお金の使い道については「なるほどな」って思いましたよ。

それは、終身保険が便利なのではなくて「お金は便利だ」という話ですよ（笑）。お金があると、いろんな使い方が出来て助かるでしょう、だから「わざわざマイナスから始まる積立はやめませんか」という助言が大事だと思うんです。

――たしかに……。ところで、3つの保険を提案されて、保険会社が全部違うんですけど、1社にまとめられないんでしょうか？

商品の分野ごとに一番良いと思える保険を選んだ結果、3社にバラけた可能性もあります。私は、複数の保険会社の代理店をしていて、例えば「数あるがん保険の中でアフラックのがん保険が最高」と言う人を知らないですけどね。

――そうなんですか？

認知度の高さと商品の評価は別ですからね。もう一つ考えられるのは、代理店の都合ですね。例えばX会社の保険販売に偏って、Y社やZ社の保険を売らなくなると、Y社やZ社から代理店契約を切られてしまうんです。すると、過去に販売していた両社の保険の継続手数料なども途絶えてしまいます。だから「今月までにY社やZ社の保険を売っておきたい」といった事情を抱えていて、それが提案に反映される可能性もあります。

――なるほど～

それにしても、保険で貯蓄をすることは考えないほうがいいという話をしていたのに、終身保険も悪くないぞと思ったんですね。

――はい、そうなんです。老後の資金作りにピッタリなものないですか？　って聞きました。それで、契約期間中に死亡しても200万円もらえて、65歳で解約したら、払戻率は保険料の約110%。保険は長い目で見ると、預金よりお金がふえるから得だって説明されて、つい……

そもそも預金と比べるのが間違いなんですよね。預金は明日引き出してもマイナスにならないです。一方、保険は、途中で解約したら元本割れするリスクが大きい。今回のプランだと35年もマイナスが続きます。リスクが違うので比較してはいけないんです。

ただ、営業部門ではそんな「お金の常識」を学ばない。営業の邪魔になる知識が多いからかもしれません。私も、いまお話ししていることは、自著で保険のデメリットに関する推論を書く際、ウラを取りたくて、複数の商品設計の専門家に話を聞きに行って初めて知ったことなんです。

――後田さんも営業マン時代は、お金の常識を知らなかったんですね？

恥ずかしながら……。保険数理の専門家に「営業現場では『数十年後には預金よりお金がふえる。長期的には預金より保険が有利』と言って終身保険なんかを販売しています」って話したら、「信じられない！」って驚かれましたから。「リスクが違うから比べてはいけない。保険の手数料を考えてみなさい。無から有は生まれないですよ」って。

――それは、つまり、たくさん手数料が引かれる保険のほうが損だよっていう解釈でいいんですか？

そういうことですよね。その人の立場ではさすがに「損」とは言いにくいでしょう。

――後田さんの話をたくさん聞いていたのに、うっかり得するかのように錯覚してしまいました。

今回のことを踏まえて、もう一度、別の保険ショップに行ってみませんか？　何度も大変だとは思いますが。相手の立場などを理解したうえで行くと、また違うと思うんです。

――も、もう一回ですか……（苦笑）。わかりました。今度は頷《うなず》きながら聞くのではなく、疑問をすぐにぶつけてみたいと思います。

外貨建て保険は魅力的？

――後田さん。２つめの保険ショップに行ってきましたよ！

早いですね。今回はどうでした？　疑問をぶつけられましたか？

――それがですね。まったく新しい角度からおススメされてしまって……

ひょっとして外貨建て保険ですか？

――えっ、どうしてわかったんですか？

(図表8) 外貨は魅力がいっぱい?

- 世界で流通している通貨の65%が米ドル。それに比べて、日本円はたったの4%。世界的に見てもドルのほうが価値が高い。
- この不景気で、円の価値はいま、どんどん下がっており、将来も危うい。もはや、円だけで資産を持つのは、とっても危険。
- 数十年後、物価が上がって円の価値はガタ落ちしているかもしれない。
- 何よりドルは金利がすごく高い。ドル建ての終身保険に入っておけば、保険料を払い終えたあと、年3%ずつお金がふえていく。

いま、外貨建ての保険を推奨している保険会社は珍しくないですからね。

——へ〜。そうです、ドル建ての終身保険をおススメされたんですよ。これからはもうドルの時代だからって。円じゃお金はふえないんだそうです。ドルってなんて素敵なんだろうって思いましたよ! 担当者の方が言っていたドル建てのメリットをメモしてきました(上図)。

なるほど。中村さんはこれらのメリットを聞いて、どう思ったんですか?

——ドルってすごいなと思いました。日本よりずっと利率もいいみたいだし。お得ですよね。

まあ、そう見えますよね。

——え、違うんですか?

私も銀行の窓口に体験学習のつもりで行っ

たら、外貨建て保険を薦められましたけどね。

――やっぱり人気なんですね！　保険のトレンドはドル建てということでいいですか？

中村さん、最初のほうでお話ししたように、一度、立ち止まってみましょうよ。なぜ、ショップや銀行の人たちは、ドル建ての保険をおススメしたのでしょうか？　それがとっても儲かる商品だからとは考えられませんか？

――保険を薦める人たちが儲かる商品……。ということは、手数料をがっつり持っていかれる保険ということですか？

少なくとも、その可能性は疑っていいはずですよね。その方にはどんな説明を受けたんですか？

――メモにも書いたように、アメリカのほうが日本より金利が圧倒的に高いから、ドル建ての保険は有利と説明されました。長期間積み立てているだけで、お金がどんどんふえるそうです。だから、もし円高になっても、金利が高いから損するリスクがないとか。

金利が高いって、名目金利と実質金利の話は出ましたか？

――えっ、何ですか、それ？　そんな言葉は聞きませんでした。

例えば、証券会社でお金を運用している専門家は、米ドルのほうが日本円より利率が高いから有利だなどとは言わないです。為替で相殺される可能性が大きいからです。

――為替で相殺？

はい。為替って20％、30％平気で変動するんですよ。わかりやすい例を挙げてみます。仮に、1ドル＝100円で、1万円（＝100ドル）を運用するとします。計算をシンプルにするために為替手数料等は無視しますね。

円で運用した場合、10年で1万100円になるのに対し、ドル建てで運用した場合、10年で120ドルになるとしましょう。ドル建ての利率は国内の利率の約20倍という設定です。

でも、10年後に20％の円高、つまり1ドル＝80円になったとしたら、円に戻した時には120ドル×80円＝9600円。利率は20倍なのに、元本割れしたうえ、円で運用した場合と比べて500円マイナスです。だから、外貨だと利率がいいとか言っても、為替の変動で一気に逆転することもあり得るんです。

――そうなったら、金利が高くても意味がないと。

もともと金利の高さは、額面（名目金利）どおりには判断できないんです。例えば、アメリカの金利が2％で、物価上昇率は5％。一方、日本の金利が0・1％で、物価上昇率は0％だとしますよね。

――はい。

アメリカで1000円のパスタランチが、1年後には1050円になっていると、想像してみてください。すると金利2％で預けて、1000円が1年後に1020円になっても、実質的には30円足りないことになります。ところが日本では、パスタランチは1年後も1000円で、1000円で預けたものが1001円になっていて、1円のプラス。アメリカの実質金利がマイナス3％で、日本の実質金利はプラス0・1％ということです。このように見かけ上の金利（名目金利）だけを見てどちらが得と判断してはいけません。金融を知っている人ならこれは常識なんですよ。

――でも、アメリカに住んでいる人なら、物価が上がる影響を受けてマイナス3％になるかもしれませんが、日本にいて、アメリカの金利の恩恵を受けるのであれば、メリットがあるのでは？

私も昔はそう思っていたんです。ただ、もうひとつ、物価のほうからお金の価値を考える視点があるんです。物価が上がる国では、相対的にお金の価値が下がります。10ドルだったパスタランチが10・5ドルになるということは、10ドルの価値がパスタランチに相当しない程度にまで下がったとも見ることが出来ますよね。つまり、ドルというお金の価値が下がっているわけです。

――ああ、そういうことですね。それは理解できます。

そうなると、円をドルに交換する際にはどうなるでしょうか？　1ドル＝100円、パスタランチ10ドルの時は、1000円をドルと交換すればよかった。でも、今度は1000円が10・5ドルになってくれないとマズいでしょう？　以前と同じレートではドルで買えるものが少なくなるわけですから。

――円をドルに換えても損しないような条件でなければ通用しないだろうと。そういうことですか？

そうです。それぞれの国のお金の価値に応じて、為替レートが変わっていくんです。つまり、日本より物価が上がるなどして貨幣価値が下がっていく国の通貨に対しては、円高になっていくということ。これを専門的には「購買力平価説《こうばいりょくへいかせつ》」と言います。

よく、マクドナルドのハンバーガーの価格が例え話で使われます。仮にアメリカで1ドルだったのが2ドルになって、日本では100円のままだったとすると、1ドル＝100円が2ドル＝100円、つまり1ドル＝50円と円高ドル安に調整されていく、ということです。

短期的にはそうはならなくても、長期的にはそのように調整されていく、という見方です。だから、先の保険の例でも、アメリカの金利がいくら高くても、いや、高いからこそ、長い目で見ると円高ドル安に調整されていって、円に換金した時に、高金利のメリットが得られにくくなる可能性を無視できない、ということなのです。

——マクドナルドのハンバーガーの例で言われると、なんとなくわかる気が……

もっというと、「高い金利＝不人気・要注意」と考えることもできます。ギリシャの財政悪化が発覚してユーロ離脱もある？　と注目されていた当時、ギリシャ国債の金利は40％近くまで上昇しました。それくらい高くしないと、誰も買ってくれないからでしょう。

——怪しい商品を「大セール中」にして売ってしまうみたいな感じですね。

そんなイメージです。ワケあり緊急大セール！　くらいの感じです（笑）。前にもお話ししたように、保険会社は長期国債の金利が下がるたびに貯蓄商品の保険料を値上げしています。本当に円より金利が高い外貨でお金がふやしやすいのであれば、「円の金利が下がっても、外貨の運用で確実にカバーできるので保険料は据え置きます」って言えそうですよね。そうしないのは、外貨だからお金がふやせるとは限らない、とわかっている証拠ではないでしょうか？

いずれにしても、**外貨建て保険は手数料が高いので、検討に値しない**ですよ。

「お金の価値」と「時間」の関係を知らないとカモになる

――そうだったのか……ほかにも、営業の人が知らないことってありますか？

お金の常識ということで言うと、「お金の価値」と「時間」の関係を学んでいないと思います。

――お金と時間ですか？

はい。将来のお金の価値は額面より常に小さく評価する、という常識を知らない人が多いです。例えば、中村さんが原稿料10万円の仕事を受けたとしますよね。仕事が完了して、いざ10万円もらえるという段になりました。頑張って良かったという気持ちでいっぱいです。

――はい。お金がもらえるのは嬉しいです。

ところが、出版社の人がこう言います。「10年待ってくれたらこの原稿料を15万円にふやして支払う」と。どうします？

——いや、意味がわからないです。いま10万円の原稿料が欲しいです。

それが当たり前ですよね。お金がふえるからって、10年待つ人なんかほとんどいないと思います。中村さんにとって、10年後の15万円の原稿料はいまの10万円未満に評価されているわけです。

——いまあるお金と将来のお金の価値が違うのは、なんとなくそうなんだろうなとは思うんですけど……。そういえば、なんで違うんですかね？

将来のことはあてにならない、と考えたらいいでしょうね。いまの例でいうと、10年後に15万円にするといっても、出版社が潰れていたらゼロになるかもしれない。

——なるほど。

また、物価の変動によってもお金の価値は変わりますよね。現在、大卒の初任給は大体20万円程度と言われています。でも40年前の1977年のデータを見ると、大卒の初任給は約10万円です。30年前の1987年でも約15万円。

——40年前は物価がいまより安かったから、1ヶ月10万円でも生活できていたんですね。いまじゃ難しいですよね。

それだけ、お金の価値が下がってきたということです。貨幣価値が下がる可能性なども想像すると、将来のお金の価値は、やはり額面より小さく評価することになります。

——なるほど。

では、また契約の話に戻りましょう。1回目のショップで提案された終身保険の35年後の払戻率は何パーセントでしたか？

——110％でした。

10年後の15万円よりいまの10万円がありがたい中村さんにお尋ねします。これから支払う157万円と35年後に払い戻しされる173万円を比べて、110％の払戻率だから喜ぼう！　という話に同意できますか？　しかも35年以内に解約するといつでもマイナスになるという条件付きですが。

——同意できないです。35年という時間の長さを考えると110％なんて……ということですよね。

そうです。保険数理の専門家が驚いていたのは、営業部門でリスクが違うものを比較していることに加えて、数十年も先のお金の価値を、単純に払戻金額÷保険料支払総額で出した数字の額面どおりに評価していることだったんです。110％でも、常識で考えたら100％未満と見るべきだろう、というわけです。

――そうだったんですね。

保険会社から、営業部門の人や一般のお客さんはお金の常識を知らないから、払戻率として100%を超える数字を見せておくと売れるだろうと、甘く見られているのかもしれないですね。前にお話ししたように、35年も契約が続くという前提を疑う必要もありますし。

――……私も、甘く見られている気がしてきました（苦笑）

3章のまとめ

□保険ショップに限らず、営業担当者や代理店と消費者は「利益相反」の関係。

□外貨建て保険は為替リスクがあり、手数料も高いので、貯蓄目的での利用はダメ！

□遠い将来に受け取るお金の価値は、額面より必ず低く評価しないといけない。

4章

「一生涯の安心」なんて幻想

——長期契約ほど高まるリスクがある

「もともと無いもの」を欲しがっていませんか

――保険って、多くの人にとって不利な仕組みなんだな、というのはわかってきました。それでも、いま先行き不透明な時代って言われてますよね。あれダメ、これもダメというばかりで、どうやって安心を手に入れたらいいんでしょうか？　私はやっぱり安心が欲しいんです。

たしかに、多くの人たちが求めているのは、保険へのダメ出しではなくて「これで安心です」という結論なんですよね。そのことはわかっているつもりです。ただ、ずっと疑問に思っていることもあるんです。

――疑問？　なんでしょうか？

ひょっとしたら、**「もともと無いもの」を欲しがっているのではないか**、と感じるんです。ずっと安心していたいのはわかるとしても、そもそも完全無欠の方策など無い、むしろ、無いのが当たり前だろうと、そんなふうに思うんです。いまは先行き不透明な時代って、誰が言っているのか知らないですよ。でも、昔もいまもこれからも、先行きが透明であるはずがない。実際、いまから40年前にも『不確実性の時代』（J・K・ガルブレイス　T

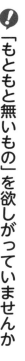

ＢＳブリタニカ 日本版は１９７８年2月刊）という本がベストセラーになっているくらいです。だから、先のことなんて「神のみぞ知る？ いや、神様だって知るもんか」と思うんです。

――う…う〜ん……

「不透明なもの、よく見えないことにどうやって備えるんだ？」と自問すると、「無理」って即答してしまいます。仮に、なんとか備えようとしても、「不確実性」の問題があります。

――**不確実性？**

例えば、いま30歳の人の老後って、40年近く後ですよね。40代の人でも20〜30年後。10年先ですらよくわからないのに、20〜40年後に自分がどうなっているか、どんな社会になっているかなんて、誰もわからないですよね？

――わからないから、備えておくといいんじゃないですか？

だから、わからないことにどうやって備えるんですか（笑）。

――そんなぁ……

数十年後の保障を「いま」決めてしまうリスク

実際、先のことはわからない、という話をしましょうか。

――はい、お願いします。

私は社会人になって35年です。さすがに35年も経つと、まあ世の中変わるものだなと思います。

例えば、就職したばかりの頃は、土曜日が休みではありませんでした。週休2日に憧れていたんです。給料も銀行振り込みではありませんでした。メーカーの工場で経理の仕事をしていたのですが、給料日前日は、数千万円の現金を銀行から持ち帰って、半日がかりで袋詰め作業です。

また、月末や年度末の決算の仕事もそろばん（！）と電卓でやっていました。その後、（パーソナルではない）オフィス用コンピューター（オフコン）で計算するようになり、「これからはコンピューターだ！」と、上司にプログラムの書き方を勉強する講座に通わされたこともあります。

――いつの時代の話なんだか……という感じで、現実感がないですね（笑）

ちなみに、当時の普通預金金利は2％弱です。日経平均は９８９４円。それが１９８９年に約3万８９１６円に達したのがピークで、２０００年代には8千円台を切ったこともありました。

――歴史を感じます……

それから、１９８３年4月のドル円レートは２４０円弱です。「83年当時、35年後の日経平均は2万円くらいで、ドル円レートは１１０円台になると見ていた」という人がいたら、絶対、嘘つきですよね。

――そうですね（笑）。保険はどうでしたか？

「社会人になったら入って当然」という空気みたいなものは、当時もありました。でも、90年代の終わりから日産生命や千代田生命など保険会社の破たんが続くとか、２０００年代半ばには保険金の「不払い問題」が起こるなんて、予想していた人はいません。

――それはいないでしょうね。

契約内容が時代に合わなくなることも……

そのくらい、先のことは誰にもわからないんです。例えば30歳の人が一生涯の保障を持つのは、35年後どころか、40年後・50年後に備えるということですよね。そこで重視したいのが、先ほど言った「不確実性」です。つまり、先のことになればなるほど、予測がハズレやすいので、対策を打っていても、その有効性が怪しくなる、ということです。中村さん、70歳や80歳の自分に似合う、しかも40〜50年先のトレンドから大きく外れていない服を現時点で選べますか？

——出来ないです。

そうでしょう。保険の場合も、遠い将来まで保障する長期契約になればなるほど、契約内容が時代に合わなくなる可能性が高くなるんですよ。

——それはそうかもしれないですね。

例えば、入院時に支払われる給付金の額が、減り続けている事実があります。生命保険協会の「生命保険事業概況」で個人保険の入院給付金総額を件数で割った1件当たりの平均額を計算すると、直近の２０１６年度は10万５８４５円（対象41社）です。

（図表９）減り続ける入院給付金

保険業界の１件あたり入院給付金の推移

	2008年度	2012年度	2016年度
入院給付金	**13万3824円**	**11万8406円**	**10万5845円**
対象社数	**44社**	**43社**	**41社**

（注）生命保険協会ホームページ「生命保険事業概況」の保険金・年金・給付金明細表から計算。小数点以下は切り捨て

――なるほど。

さかのぼって見てみると、２００８年は13万３８２４円（44社）なんです。８年の間でも20％超、３万円近く減っています。

――もっとさかのぼると、さらに大きな差があるかもしれませんね。

はい。国の医療費を抑える政策や、医療技術の進歩などで、入院日数が短くなっているからでしょう。「入院特約の価値が下がっている」とも見ることができそうですよね。

――「もっとお金がもらえるはずだったのに……」となるかもしれないということですね。

そうです。

30年で満期金が８割減った!?

大手生保で営業をしていた時、お客さんに叱られたことがあります。

——なにかトラブルがあったんですか？

トラブルでもなんでもないです。ただ、養老保険の満期金が20万円だったという話です。「30年間入り続けて、ようやく満期を迎えたのに、たったの20万円？　嘘だろう!?」って。

——たしかに、30年間保険料を払い続けてきて20万円って少ないような……

私も何度も数字を確かめたんです。1ケタ違うんじゃないかと。でも契約どおりだったんです。2000年頃の話なんですが、その30年前の1970年って、大卒の初任給が4万円くらいだったんです。満期金がその5倍の20万円。ということは、いまの感覚では、100万円を超える満期金になるイメージでしょう。

——それなりにまとまったお金という感じですよね。

そうです。でも、30年後には5分の1の貨幣価値になってしまっている。長期の契約における貨幣価値の変動リスクを思い知らされる例ですよ。

——なるほど……

がん保険に入っていたのに、保険金が支払われなかった実例

がん保険に入っていて、がんに罹ったのに「契約どおり、保険金が支払われなかった」という話もありますよ。

——がん保険に入ってたのに？ 契約どおりだったら、普通、支払いがあるんじゃないですか？

それが、支払われなかったんです。

30年前、30代の時に終身のがん保険に加入したbさん。当時人気だった、死亡と入院保障が厚い、がん保険を契約した。これで万が一、がんになっても大丈夫だと安心した。
30年後、bさんは前立腺がんになり、保険会社に連絡した。ところが、bさんが入っていた保険には、診断時給付金がついていなかった。しかも、通院だけで治療するがんだったため、給付金支払いは何もなかった。

――これって、なんでこんなことになっちゃったんですか？　せっかく入ったがん保険が意味ないじゃないですか。

がんの治療法が進化したことで、必ずしも長期間入院して死に至る病気ではなくなってきています。そのため、診断時にお金が支払われる契約でない場合、給付の対象にならないまま、治療が終わることもあるわけです。

――入院しなくて良くなったのは素晴らしいことですけど、この男性にしたら、複雑かもしれませんね。

「一生涯の保障があるから、入っておけば安心」とはならない、ということの典型的な例ですよね。

――うーん。

保険会社にとっても長期契約には怖い面があるんですよ。

――そうなんですか？

がんの診断法が進化して、見つからなかったがんが見つかるようになると、保険金支払いが急増しますよね。すると、予想を超えた負担増が経営を圧迫することも懸念されます。

――ああ、そういうことも考えられるんですね。保険会社には診断方法の進化を止められないですもんね。

そのとおりです。事前に対応できないリスクはいろいろと考えられると思います。

——ここまでの例を聞いて、長期の契約には慎重になる必要があるということがわかりました。

おそらく、「切実な願望」であるほど、警戒したほうがいいんだろうと思います。

——切実な願望？

そうです。健康とか将来の不安とかお金の心配とか、**その願望が切実な場合、冷静な判断が難しくなる**んです。常識で考えると、環境の変化などものともせず「いつまでも、保障内容が有効であり続ける契約」は考えにくいですよね。それなのに「保険に入ったら、いつまでも安心でいられる」と結論づけてしまう。それは、思考や判断に願望が混じっていますよね。

——そうかもしれません。

それに、保険というビジネスにおいては、販売側にいる人たちが、誰もが抱きがちな願望の切実さを知っていて、感情を刺激し、冷静な判断を遠ざけているように感じられることもあります。**確率論より体験談が語られるほうが効く**、みたいなことないですか？

——たしかに。体験談には心が動きます。健康やお金のようなテーマで、切実な願望を思い描いている時ほど、意識して冷静になってみることが必要なんですね。

そう思います。

❗毎日、〝防災リュック〟を背負って出かけてますか？

――それにしても、なんだかガッカリです……。私はやっぱり「安心」が欲しくて、いろいろ相談しているのに、気持ちのやり場がないというか。

そうですよね。よく言われます。それで「もともと無いものを欲しがっているのでは？」という疑問が浮かぶようになったんです。

断っておきますが「オレは血も涙もない奴じゃないんだ」と弁解したいために考えたんじゃないですよ（笑）。「無いものを求めてガッカリする？　それはおかしいだろう。たぶん、これは気持ちのやり場以前の問題だ。見えない何かに振り回されているような気がする。もう一度現実を見てみよう」という感じです。

――現実とは……

例えば、何年も前から関東には大地震が起きると言われています。実際に、２０１１年に東日本大震災が起きていますし、2016年には熊本や鳥取でも大地震が起きていますから、日本の場合、いつ、どこで大地震が発生してもおかしくないはずです。都心だと高層ビルから今日にでもガラスが降ってくるかもしれない。でも、毎日ヘルメットをかぶって、防災リュックを背負って出かける人なんていないですよね？

――いないですねぇ。

結局、確率とコストの兼ね合いだと思うんです。コストってお金だけではなくて、時間や労力も含むと考えてくださいね。普段から災害用のリュックを持っていたら重いし、動きにくいでしょう。だから無防備で歩いている。

ほかにも、交通事故を避けたいからと車の通る道にはいっさい近づかないという人もいないですよね。すべてのリスクに備えるなんて無理なんですよ。投げやりになるのではなくて、現実はそういうものでしょう、と。

――理屈ではよくわかるんですけども……

保険ですべての不安に備えようというのは、大震災に備えて、仕事へ行く時も遊びに行く時も常にヘルメットをかぶって、しっかり足を守ってくれるブーツをはいて、水を何リットルも用意して……ってフル装備で行動するようなものかなと思います。もちろん、仕事で人と会う時のための着替えも持っておかないといけません。

——そんなことしてる人はいないですもんね。

どんな人でも、備えができないまま放置しているリスクがあると思うんです。例えば「うつ病保険」に入っていないリスクはほったらかしです。入院日数など、がんの場合、平均で18～21日くらいなのに対して、うつ病を含む気分障害は平均で113日を超えるというデータがあります（公益財団法人生命保険文化センター　傷病別・年齢階級別平均在院日数〈2014〉より）。でも本格的に商品化されていないせいか、「うつ病にかかると金銭面でも追い込まれる可能性が高まります」といった情報が流されていないから、心安らかでいられる面もあるかもしれない。

——たしかに、友達との間でも「うつ病保険に入っていないと怖いよね」なんて話は出ないです。

一方で、広告などで繰り返し伝えられるリスクばかりに過敏になってはいないか？　という気もします。地震は今日・明日には起きないことにして過ごしている人が、老後に多い「がん」のことを日々心配しているとか、ちょっと不思議に感じることもあるんです。

仮に、CMがなかったら、どんなことを心配しているだろうか、と。

——う～ん……

そんなことを思いながら、ずっと安心していたい「気持ちのやり場」ということに戻ると、そもそも普段の気持ちのあり方が、結構いい加減だろうと（笑）。加減が良いのではなくて、どこか歪んでいるじゃないですか、と。だから、自分を観察するような視点で「気持ちって、そんなに大事にしてあげるほどのものかなぁ」と、軽く笑ってしまうような感覚も持ちたいなと思うんですね。「遠い将来については、ほぼ丸腰です。でも、しょうがないでしょ？神様でも備えられないいんだから」って（笑）

——リスクは限りないですもんね。

そうです。それに、がっかりすることばかりではないんです。不確実性について理解すると保険選びがわかりやすくなります。

——どういうことですか？

保険では、遠い将来への備えが難しい半面、目先の一大事にはそれなりに対応できるからです。しかも、当然ながら、長期より短期間の保障のほうが、保険料も安く済みます。もともと、**ずっと安心することなんて無理だ、でも、保険のおかげで当面は大丈夫！**そう考えるほうが現実的で納得感も高くないですか？　ひとまず安心というくらいで上等じゃないかと、そんなところで一線を引いて、良しとするというか。

――たしかに、それはそうですね。少し、気持ちが軽くなった気がします。

良かったです！

４章のまとめ

□長期契約であるほど、保障内容が時代に合わなくなるリスクが高まる。

□「ずっと続く安心」などは人の願望であって、保険が保障できることではない。

□すべての起こりうるリスクに備えることはできない。どこかで一線を引いて割り切るのが賢い大人の生き方。

5章

年金不安はこう考えるとラクになる

――国の公的年金があてにできない人の対応法

国の年金があてにならないから個人年金、の大間違い

——私たちの世代は、年金はもらえないとか言われてますよね？　払ったお金がもらえなくなるのは嫌だからって、友達が「個人年金」に入ったんです。同い年の友達からそういう話を聞くと焦りますよね……。私も入ったほうがいいのかなって思ってるんですが、後田さんはどう思いますか？

まず、確認させてください。中村さんの世代は年金がもらえなくなるって本当ですか？　事実であれば、私もとっくに知っているくらい、大騒ぎになっているはずですが。

——いや、友達とかが……

お友達は、年金についてしっかり勉強していますか？　納得がいく根拠を示したうえで、「私たちが老後を迎える時には、年金の給付はなくなる」と言っているんでしょうか？　それとも、断片的な情報だけで、なんとなく、そんな気になっているのでしょうか？

——なんとなく……だと思います。でも、同じくらいの世代の人は、皆、そうだと思いますよ。

そうですか。だったら、中村さんが浮足立つことはないですよ。中村さんは、年金について勉強していますか？

――いいえ。

実は私もたいして勉強していません。ただ、専門知識はなくても、大人の常識で大きな間違いは避けられると思っています。私は、勉強していない分野では自分の判断に自信が持てません。中村さんはどうですか？

――それはそうですね。

そこで、自分と同じように勉強していない人たちが言っていることは、まったく参考にならない、その人たちが深く考えないままやっていることは真似しない、と考えるんです。簡単でしょう。

――たしかに。でも、私の世代の年金は危ないと思いませんか？

日本の人口構成などを考えると、国の制度にも修正が必要だろうとは思います。でも、仮に中村さんの世代では公的年金が95歳（！）からしかもらえない、とかそういうことになったとしても、「個人年金保険」に急いで加入する理由にはならないですよ。

――なぜですか？

自助努力の必要性が高いからといって、そのために提案される金融商品が素晴らしいという保証はどこにもないでしょう。病人の布団をはぐような商品もあるかもしれません。

――そんなぁ……

一度、立ち止まって、一緒に常識で考えてみましょう。

――どう考えるんですか？

まず、「国はあてにならないので、民間の保険などで将来に備えよう」という論法からいきましょうか。

最近は、長期金利が低すぎて運用が難しいことを理由に「個人年金保険」の販売をやめる保険会社も出てきました。でも、国は「年金制度への新規加入はお断りしています。民間企業に出来ないことが国に出来るわけがありません」なんて告知していないですよ（笑）。どっちが頼りになりそうですか？

――国ですね（笑）

個人向けの金融商品を販売する際、国の制度の不安をあおると、一般の人の関心を引きやすいかもしれない、それだけのことだと思うんです。あざといやり方ですよね。

――〝つかみ〟に利用しているんですね。

だいたい、国はあてにならない、年金制度はもうダメだって言っている人たちって、なぜ海外に移住しないんだろうって思いませんか？　のんびりしている場合かって。

――まあ、そうですよね。

そういう人たちって、結局、保険や投資商品を売っていたり、売っている企業をスポンサーにしている人たちが多い。そうやって不安をあおって保険や投資商品に誘導しようとしているんでしょう。

お金の使い道別に、有利にお金をふやせる方法なんてない

さらに、個々の商品以前に、そもそも……というところで大きな疑問があります。

――なんですか？

個人年金保険でも学資保険（113ページ）でも何でもいいんですけど、そもそも老後だとか、17～18年後だとか、「人生のある時期に照準を合わせて、有利にお金が貯められる方法」ってあるのでしょうか？

――えぇっと……いままでそういうことを考えたことがないので……

不思議に思いませんか？　例えば、10年後に照準を合わせて最も多くお金をふやせる方法って何だろうって考えると、「そんなことがわかるんだったら誰も苦労しない、皆お金

持ちになれる」って思いませんか？　株が上がっていたら「株を買っておけばよかったのに……」となるだろうし、物価が下がっていたら「普通預金で何も問題なかった」となるかもしれません。10年後に「最初の5年は不動産投資、次の5年は5年満期の預金が正解でした」とか言う人がいたら、「結果論！」の一言ですよね。

——はい。たしかに、言われてみるとそう思います。

そんなふうに想像すると、「年金」とか「学資」といった商品名がついているからといって、お金をふやす方法として優れているかどうかは疑わしい、むしろ、堂々と名乗っている時点で怪しいぞ、と思うんです。

——そんなふうに考えたことなかったですよ。

個人年金は税金が安くなるから得!?

それで、あらためて個人年金保険について、入る価値があるのかと考えてみると、避けたほうがいいという結論なんです。

——なぜですか？　友人からは、

◎「学資保険」プロはこう見る

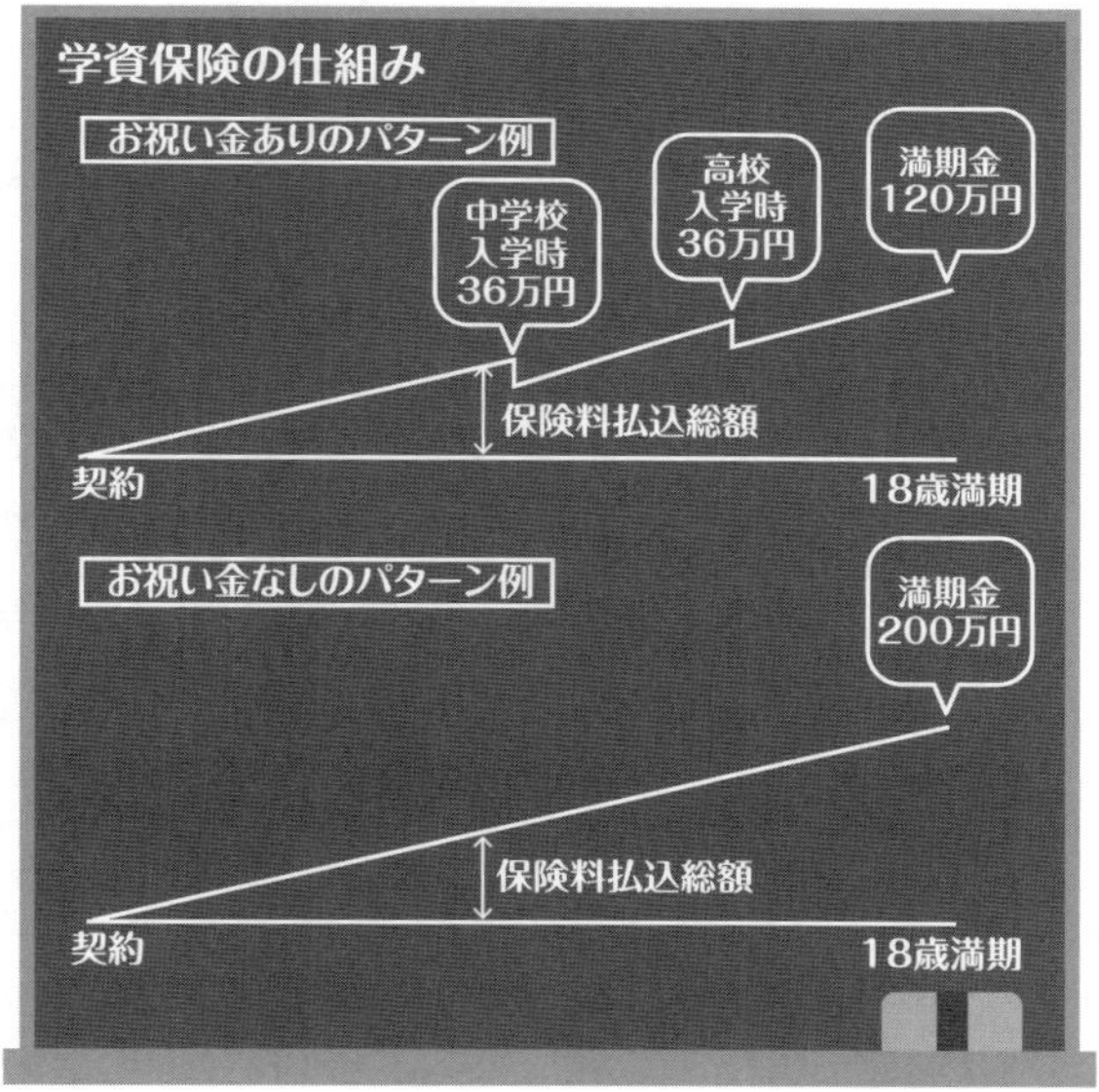

子どもの教育費の貯蓄を目的とした保険で、進学時期や満期時にお祝い金や満期金が支払われる。親など契約者が死亡した時には保険料の払い込みが免除される。保険業界では学資保険を「ドアノック商品」と呼び、他の保険商品を販売するきっかけを作る商品でもある。子どもの教育費の総額は大学卒業までに1000万円以上かかるといわれる一方、学資保険でまかなえるのは100万～300万円程度。中途解約での元本割れ期間もあり、特に優れた金融商品ではない。

①公的年金に頼れないいま、自分で老後の資金作りができる
②老後に受け取れる金額を見ると、お金のふえ方が預貯金より大きい
③「個人年金保険料控除」を使えば節税対策にもなる
という3つのメリットがあると聞いていますよ。

よくある案内の仕方ですよね。「確かなこと・不確かなこと」に分けて考えるといいと思います。

①からいきますね。仮に公的年金があてにならないとしても、個人年金保険が老後の資金作りに適しているかどうかは不確かなことです。それは、ここまでの話でわかってもらえますよね？

――はい。

②も、もうおわかりですよね。遠い将来のお金の価値は額面どおりではなく……

――途中でやめてしまう可能性や環境の変化などを考えて、額面より少なく評価するんですよね。

そのとおりです。中村さんが、ある大手生命保険会社から取り寄せてくれたプラン（次ページ図表10）だと、元本割れ期間が27年もあります。「確かなこと・不確かなこと」で言うと、老後にお金がふえることより、契約直後から元本割れが続くことのほうが、より

（図表 10）ある生命保険会社の個人年金保険プラン例

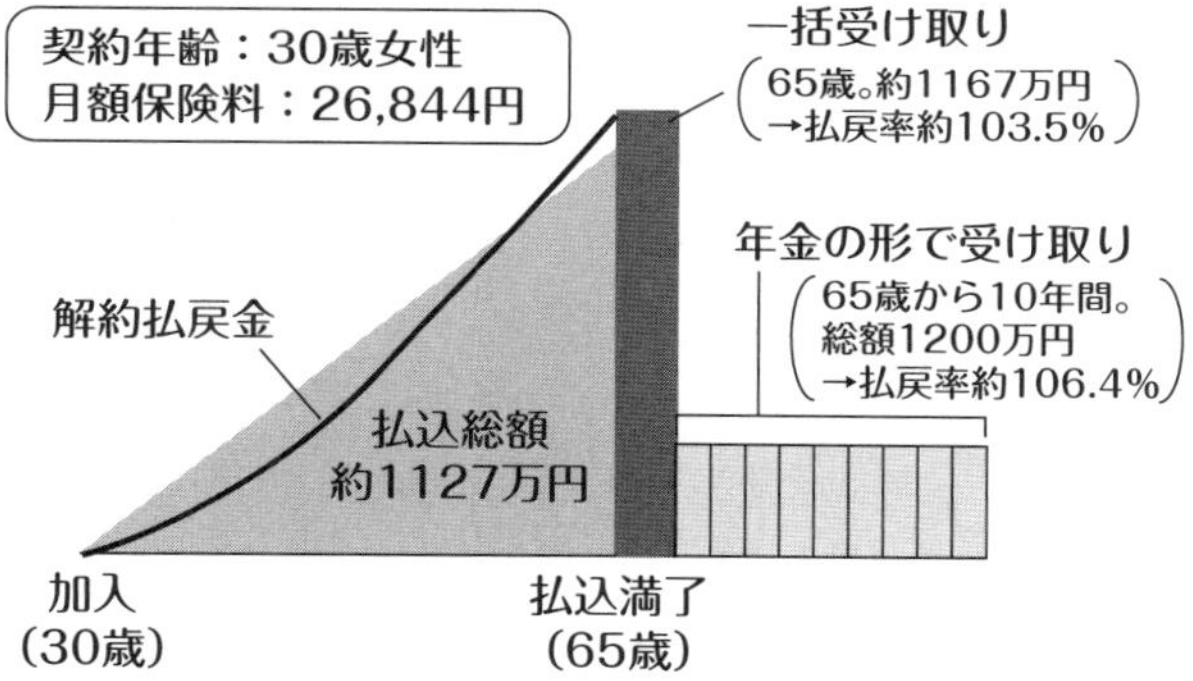

経過		累計保険料 約 万円	解約払戻金 約 万円
年	歳		
1	31	32.2	18.3
2	32	64.4	48.5
3	33	96.6	78.9
4	34	128.8	109.6
5	35	161.0	140.6
6	36	193.2	171.8
7	37	225.4	203.3
8	38	257.7	235.0
9	39	289.9	267.0
10	40	322.1	299.2
≀	≀	≀	≀
26	56	837.5	833.2
27	57	869.7	869.0
28	58	901.9	905.1
29	59	934.1	941.6
30	60	966.3	978.4
31	61	998.5	1015.5
32	62	1030.8	1052.9
33	63	1063.0	1090.6
34	64	1095.2	1128.7
35	65	1127.4	1167.2

確かなことでしょう。

――でも、銀行預金と違って、元本割れする時期もあるけど、老後はお金がふえるからって言われると、どこかで期待しちゃう自分がまだいるんですよね。

「老後のお金」という設定がマズいかもしれないですね。老後ばかり見てしまうので。だから、繰り返しになりますが「人生のある時期やイベントに合わせて、はかったようにお金を上手くふやせる方法なんかあるのか？」という問いかけが大事だと思います。

――③の節税効果を考えてもダメですか？

はい。例えば、税率10％の中村さんの場合、年間8万円超の保険料を払うと、所得税で4万円、住民税で2万8０００円が控除の対象になるので、４万円×10％＋２万８０００円×10％＝６８００円の税金が払い戻されます。

――６８００円戻ってくるのは大きいと感じますけど……

中村さんが取り寄せてくれたプランの資料の中に、年収によって生命保険料控除の効果がどれくらいあるのか確認できる表がついています。そこで、毎年、保険料払込総額から、税金が安くなる分を引いて、中途解約時の払戻金と比較してみました。それでも22年間は元本割れします。

――そうでしたか。

税金が安くなるメリットに注目するのはいいことだと思うんです。契約した年から恩恵が受けられる「確かなこと」ですし。ただ、やっぱり販売手数料などが高いんでしょうね。1年後に解約した場合の払戻率が56・8％と異様に低いでしょう。

――本当だ！

1年目に営業担当者や代理店に支払う報酬が高いんですよ。それが響いていると見てください。手数料がかかることも「確かなこと」ですから、この場合、デメリットの大きさのほうが見逃せない、という判断ですね。

――そうかぁ。ところで、実は私、控除とかそういうことの意味もよく知らないんですけど。

私も最初は知らなかったですよ（笑）。所得（課税所得）に税率を掛けて所得税額を出すのですが、その所得自体を計算上、一定額減らす措置をしてくれるのが所得控除です。所得控除にも、「配偶者控除」「扶養控除」「医療費控除」、そして「生命保険料控除」などいろいろな種類があります。

控除額はそれぞれ違いますが、いろんな枠が使えるほど、税負担は軽くなります。

――生命保険料控除はつまりあれですか、生命保険に入っていたら、この控除が受けられるから税金が安くなる、ということですね?

そうです。生命保険料控除は、一般生命保険料控除・介護医療保険料控除・個人年金保険料控除の3種類があります。例えば、死亡保険と介護医療保険と個人年金保険に入っている人は、それぞれ4万円が上限ですから、最高12万円が所得から控除されることになるわけです。

――12万円まで控除されるように、それぞれの保険に入るのはどうなんでしょうか?

感心しないです。ポイントが還元されるからといってたくさん買い物すると、家計は楽にならない、そんな感じです。

――ポイント還元というのは、生命保険料控除で戻ってくるお金のことですか?

そうです。当然ですが、還元される額よりも出費のほうが大きいですよね。だから、保険の場合、本当に必要なもの以外は買わないことにするんです。

――たしかに、普通はポイントを貯めることを目的にむやみに買い物はしませんね。それで、もう一度、個人年金の話に戻るんですけど、元本割れ期間があるから満期まで頑張ろうと思う。途中で解約すると損だから、結果的にずっと貯蓄が出来る。そういうメリットって考えられないですか?

いやあ、そこまでいくと苦行主義というか（笑）。お金をふやすのは簡単じゃないと思うから、マイナスから始まる積立はやめておこうと、やはり常識で考えたいですよね。

——そうかぁ。

個人年金より断然！　確定拠出年金

もし、老後までお金を引き出せないといった、ある種の〝縛り〟を有効に使いたいのであれば、断然「**確定拠出年金**」がいいですよ。

——確定拠出年金って、いま、話題の制度なんですよね？　「iDeCo（イデコ）」でしたっけ？　でも、なんのことだかさっぱりわかりません。

確定拠出年金は、国の法律で定められた制度で、「iDeCo」は個人型に分類される確定拠出年金です。この制度を利用すると、ズバリ、得する可能性が高いんです。

——得する可能性が高い？　本当ですか……？　いままでは、一見そんなふうに見えても実は……という話ばかりでしたよ。

ところが、得する可能性が高いんですよ。2017年に話題になったのは、現役世代は、原則、誰もが加入することができるようになったからなんです。利用しないともったいないだろう、というわけです。

——そこまで言われると気になってきますね。確定拠出年金ってどんな制度なんですか？

中村さんや私が加入している国民年金は、加入者が国にお金を支払って、国が運用する年金制度です。公務員や会社員は、国民年金に加えて厚生年金もあります。一方、確定拠出年金は「加入者が自分のお金を自分で運用する年金制度」です。

——加入者自らということは、私が自分のお金を自分で運用するということですか？

そういうことです。

——無理です。私、お金の知識ほとんどないんですよ？　それなのに自分で運用するなんて失敗するに決まってますよ！

もちろん、自己責任なので、運用に失敗したら老後にもらえるお金は減ります。

——だったら、私には絶対無理です。運用なんてやったことないです。

まぁ、落ち着いてください。確定拠出年金を利用する場合、流れは、

①金融機関を選び、確定拠出年金口座を作り、その金融機関が用意するメニューの中から、

自分で運用商品を選ぶ
②毎月、お金を積み立てる
③積立金は、60歳以降に一時金、あるいは年金で受け取れる

こんなふうになります。その際、例えば、生命保険とは比べものにならないくらい、税制面で優遇されるんです。

――う～ん……。でも、自分で金融機関や運用商品を選ぶのは難しいです。

それがそうでもないんですよ。近年、一般向けの良書がふえています。だから2～3冊読むだけで、選ぶべき金融機関や商品はおのずと絞られてきます。会社員で企業型確定拠出年金を利用する人は選択肢が限られていますが、中村さんはその心配もありません。

――本当ですか？

はい。ひょっとして、運用っていうと、大儲けする時もあれば大損する時もある、値動きが激しいマネーゲームを想像していませんか？　特に株式投資は危ないとか……

――そう、そんなイメージです。

株式会社で働いている人が大勢いる国で、株は危ないって思い込むのは、どうなんでしょ

うね。おかしいと思いませんか？

——そうかもしれないですけど……

確定拠出年金で利用する金融商品の中には、定期預金もあります。

——定期預金もあるんですか？

はい。金利が低いので、定期預金で大きくお金がふえることはありません。でも、そういう問題じゃないと言いたくなるくらいのメリットがあると思うんです。

——なんですか？

先にも触れましたが、税制面で優遇されていることです。個人年金保険の所得控除などの比じゃないですよ。

——税金がもっと安くなるんですね。

はい。125ページに所得税率10％の人の試算例を出していますが、仮に中村さんの年収が300万円で、課税所得は195万円だとします。すると所得税率5％で納税額は9万7500円です。ところが、確定拠出年金に加入している場合、掛け金の全額が控除の対象になります。

——ということは……どういうことですか？

（図表11）確定拠出年金ならではのメリット

①掛け金を所得控除できる

自営業者などの場合は最大81万6000円、企業年金がない企業に勤める会社員の場合は最大27万6000円が所得控除される。

②運用益に税金がかからない

投資信託などで得られた運用益には 20.315%の税金が課せられるが、確定拠出年金では一切かからない。

③年金を受け取る時にも節税メリットがある

年金を受け取る際に、「公的年金控除」「退職所得控除」などの節税メリットがある。

確定拠出年金で毎月2万円、年間24万円積み立てると、24万円が所得からまるまる控除されるので、所得税率5％の人だと年間1万2千円税金が安くなるんです。さらに住民税の税率は10％なので、両方合算すると3万6千円も税金の支払いが減る計算です。個人年金保険だというくらでしたか？

——所得税と住民税を合わせて、最大でも6800円でしたから……ずいぶん違いますね！

はい。たとえば年収330万円超～695万円以下の人だと税率は20％ですから、税負担が軽減される効果はさらに大きくなります。老後まで100万円単位の効果が見込める人も多いと思うんです。他にも運用期間中に運用益が出ても非課税ですし、受取時にも税制面で優遇されます。

確定拠出年金のメリットとデメリットを比較すると

――そうですか。でも、さすがにメリットだけということはないですよね。デメリットもあるんじゃないですか？

中村さんが専業主婦になった場合は、掛け金を配偶者の所得から控除することは出来ないので、税金が安くなるメリットは失われますね。それに、定期預金で運用すると運用益もほとんど見込めないですから、運用益に課税されない利点も生かせないですよね。

――なるほど。いまみたいに仕事をしていて所得があれば、やったほうがいいんですね。

はい、やらない手はないと思います。それから、60歳までお金を引き出せないことをデメリットと見る向きもあります。

――一度始めたら、60歳まで続けないといけないんですか？

転職で収入が減ってしまった場合など、積み立てを止めることはできます。ただし、それまでに支払ったお金は60歳まで引き出せません。

――う～ん……それは困るかも……

(図表12) 確定拠出年金でこんなに税金が浮く!

確定拠出年金を利用する場合
(毎月2万円、年間24万円の掛け金)

課税所得(276万円)	掛け金(24万円)

➡所得税=276万円×10%= **27万6,000円**

(年末調整で)
➡ 所得税=24万円×10%=**2万4,000円**
(翌年) ＋
➡ 住民税=24万円×10%=**2万4,000円**
＝
合計4万8,000円
税金の支払いが減る

この点に関しても、やはり、メリットとデメリットの双方を比べたらいいと思います。

私は、保険の場合、手数料が高く中途解約などで損が出やすいデメリットに比べ、お金のふえ方は小さいし、所得控除の額も少なかったのに対し、確定拠出年金は、メリットのほうが大きいと考えています。普通、現役で働く間は、何かしら将来に備えて貯金はしますよね?

――はい。貯金は続けたほうがいいと思います。

そうであれば、できるだけ有利なところにお金を積んでいきたいですよね。これから月々の積立で、お金をふやす場合、当然、時間もかかるはずです。そう考えると、確定拠出年金の制度が、「60歳まで毎年数万円の利息が約束されている口座みたいなもの」に見えてこないでしょうか?

――税金が安くなることを、大きな利息が付くようなものだと見なすんですね。

はい。「これは明らかに有利な口座だから、この口座にはずっとお金を置いておこう」と考えやすいのではないかと。少なくとも私には、この場合は60歳までという縛りがメリットのようにも感じられるんです。

――なるほど。後田さんも確定拠出年金を利用しているんですか?

もちろんです。

――民間の保険は積極的に薦めないのに、確定拠出年金はやってるんですね。

はい。

――じゃあ、その運用の方法を教えてください!

それがですね、妻に丸投げなんですよ。申し訳ない!(笑)

――ええっ! それでいいんですか?

私は確定拠出年金に関する本は、10冊以上読んでいます。それで、この制度は大いに利用すべきだし、商品は、手数料が安い投資信託を利用するといいだろう、と結論づけています。ただ、実際の運用はお任せです。妻のほうが私より運用が好きだし、詳しいし、経験も豊富だからです。

――へ～、そうなんですね。

私は、私生活ではお金のことにほとんど興味がないんです。仕事柄、年金や運用のことも仕方なく勉強している感が強くて。それで、いまは金融機関の変更手続き中なんです。10年前から琉球銀行を利用していたのを、ＳＢＩ証券に替えているところです。口座の管理費用や金融商品の手数料が安いからです。

今後の運用は、「ＤＣニッセイ外国株式インデックス」中心でやるようです。諸外国の株式に分散してお金を投じたのと同じような効果が見込めて、信託報酬《しんたくほうしゅう》といって、運用期間中にかかる費用が０・２％強と低いのが魅力です。

――保険ではドル建てはダメという話でしたけど。

あれはコストが高過ぎるからダメなんです。で、確定拠出年金では運用益非課税のメリットを生かすには、多少リスクはあっても、お金のふえ方が大きいと考えられる選択をしたほうが良いだろうと考えています。

それから、私は外貨建て資産をまったく持っていないので、国内の預金などとのリスク分散効果も期待して外国株中心でいいと思っています。

外国債券でないのは、債券での運用益は為替で相殺されやすいと見ているからです。琉球銀行の商品を利用していた約10年間の運用利回りは年平均7・83％ですから、うまくいっていると思いますよ。

――すごいですね！

他力ですが（笑）。残高は、今後、ふえたり減ったりすると思います。でも、60歳になった時点で大きく減るようなことになっても、積立が終わった後、70歳まで運用期間を延ばすことができるので回復の機会はあるんじゃないかなと楽観しています。あるいは、60歳目前で、それなりにふえていたら、定期預金に移行してもいいわけですし。

――なるほど。

将来の老後資金対策で、一番確実な方法

まあ、でも、将来のお金のことを考えるのであれば、運用より、長く働くのが一番だと思いますね。

――そうですか？　自分には無理と言いつつ、やっぱり、投資とかできないとダメなのかなぁと思っていたんですけど。

いやあ、私が保険の相談を受けてきた経験から言うと、預金以外に何も知らないけれど、お金には全然困っていないという人は、たくさんいますよ。反対に、いろんな投資法とか興味があって実践していても、お金に困っている人もいます。

――え？　そういう人は何が違うんですか？

身も蓋もない話ですが、安定収入があって、身の丈《たけ》に合ったお金の使い方をしている人は、お金に困っていないです。運用以前に暮らし向きというか、生活習慣の違いが大きいと感じます。30代くらいから年収1000万円超えているような人でも、高級車を次々に買い替えたり、不動産投資に失敗したりしている人は、貯蓄がほとんどないこともあるん

です。

——そうなんだ……

一般の人がお金を貯める場合、積立が普通ですよね。すると「**率より額**」なんです。

——どういう意味ですか？

金融商品の利率などより、毎月、積み立てる金額の大きさで勝負が決まってしまう、ということです。毎月2万円積み立てながら、30年間5％で運用できた場合、1700万円弱のお金が貯まる計算です。5％で運用するにはリスクを取ることになるので、ずっと右肩上がりとは考えにくく、かなり楽観的な試算です。途中で挫折することもあるでしょう。

ところが、毎月5万円積み立てられる人は、ゼロ金利でも1800万円です。だから、あまり運用に期待するのはどうかなぁ、とも感じます。

——私は自分には後者のほうが向いてそうです。

投資しない人に対して「リスクを取らないリスクがある」と指摘する人がいますが「『リスクを取らない』というリスクを取って、お金を残している人もいるぞ」、と言いたくなる時もあるんです。

——どうしても投資しないといけないということではないんですね！

なんだかんだ言って、向き不向きもあると思うんですよ。いずれにしても、中村さんの世代は、将来のお金のことについて、あまり悲観することはないと思います。

――えっ、本当ですか!?

例えば、よく「高齢者1人を何人の現役世代で支えるか」というのが話題になりますよね。具体的には、1970年は「8・5人の現役世代で1人の高齢者」を支えていたのに、現在は「2・6人」(2010年時点)になって、2050年には「1・2人で1人」の高齢者を支える大変な時代が来る、とか。

――あ、テレビで見たことがあります。昔は「胴上げ」くらいの人数で高齢者を支えていたのに、いまは「騎馬戦」、将来は「肩車」になるとかってやつですよね。

そうです。だから、老後のためにン千万貯めておかないと生活ができなくなりますよ、といった話の流れになったりもしますよね。

――そういうのを聞くと、やっぱり不安になってくるんですけど……

でも、社会保障の専門家の本を読むと、必ずしもそうとは限らないという話も出てきます。

つまり、少子高齢化によって、たしかに老人の数はふえていくけれども、元気な高齢者も多くなっています。そういう高齢者や女性が働き手に回ることで、就業者の人数もふえていく。すると、少子化で子どもの数が減っていくこともあって、1人の就業者が何人の非就業者を支えるかという割合は、実は1970年から2050年まで、それほど変わらない、という見方もあるようなのです（次ページ図表13。権丈善一『ちょっと気になる社会保障　増補版』勁草書房より）。

——つまり、不安をあおる情報ばかりに流されないようにしよう、ということですね。

高齢者がふえ、若い人が減るのであれば、それこそ常識で、現役世代が仕事に困ることは少なくなる、とも考えられますよね？

——たしかに。

だから、「長く働こう。高齢になっても自分の役割を果たせる場があると、きっと楽しいだろう」と考えていたらいいのではないでしょうか。

——なるほど。

他人から「もう年なんだから、引っ込んでいてください」と言われるより、「まだまだ働いてください」と言われる人生のほうが楽しいに決まってる、って思いませんか？

——それはそうですね（笑）

〈図表 13〉 将来も働く人の負担はふえない!?

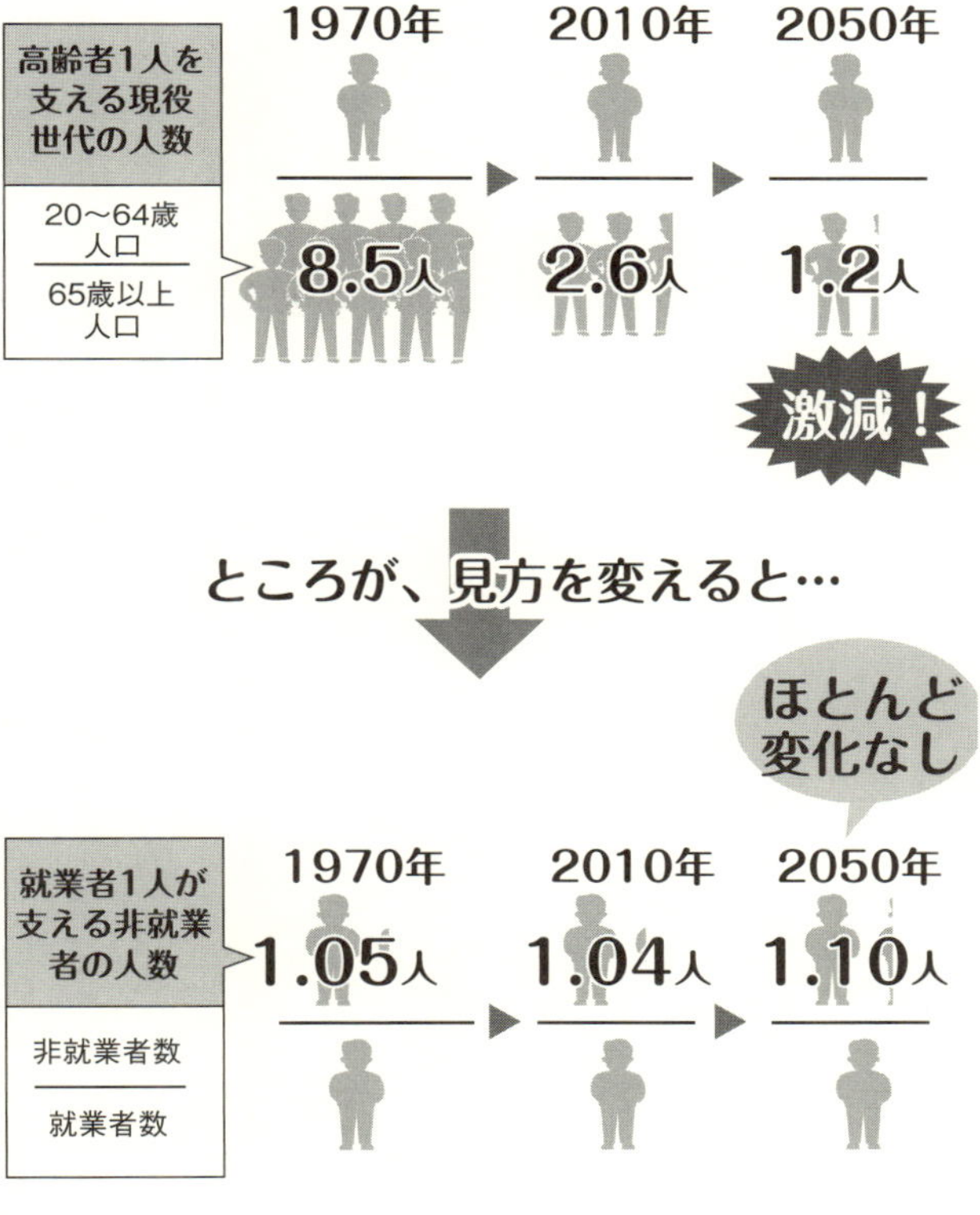

『ちょっと気になる社会保障　増補版』(権丈善一著　勁草書房)より

公的年金や確定拠出年金を受け取る時期も、長く働くと、あと倒しすることができます。例えば、60歳ではなくて70歳から受け取ると、年金額も多くなります。だから、出来るだけ長く働ける自分でいられるようにしたらいい。それは努力のしがいもあることだと思います。「定年はオレが決める」って言えたら格好いいじゃないですか。評価は他人がするものだとわかっているとしても。

——ははは。

だから、現時点で、漠然とした不安などにかられて、右往左往することはないと思いますよ。

——そうですね、私、仕事頑張ります。

5章のまとめ

□国の年金への不安と、個人年金の商品の品質には、何の関係もない。

□確定拠出年金はぜひ利用したい制度。

□現役世代はこれから長く働ける。メディアから流される不安をあおる情報に踊らされないようにしよう。

6章

それでも保険に入るなら、見直すなら

——「保険のプロ」が薦める、検討に値する保険商品とは?

そもそも著者自身はどんな保険に入っているのか

――私、ここまで大事な質問をしていなかったことに気づきました。後田さんはどんな保険に入っているんですか？

私は「健康保険」だけです。民間の保険には何も入っていません。

――そうなんですか……。いろいろと不安になったりしませんか？

保険は不安を解消する特効薬ではなくて、意外に不便な手段だと思っています。

――保険は不便!?　ですか……

はい。２つのキーワードで考えるとわかります。

①重大性（自分では用意できない大金が必要になることなのか）
②緊急性（今日、明日にでも起こりうることなのか）

です。この2点から、既存の商品を評価すると、図表14のようになります。

（図表 14）「重大性」「緊急性」で見た保険の利用価値

保険の種類	重大性	緊急性
死亡（定期）	○	○
就業不能	○	○
介　護	△	△
が　ん	△	△
医　療	×	×
貯　蓄	×	×

――○△×の三段階評価になっていますけど、これはどういう意味なんですか？

はい。まず、死亡に備える保険。これは、仮に幼い子どもがいる世帯主が急死すると、国から給付される「遺族年金」を考慮しても、遺族の生活費として年間100万円単位のお金が不足することがあります。しかも、それはすぐに必要になるお金でもあることから、重大性・緊急性とも○にしています。（定期）と期間限定であることを付記しているのは、老後の死亡は、経済的打撃も小さく、「まさか……」という不測の事態でもないため、緊急性も下がるからです。したがって、相続対策でもない限り、一生涯の死亡保障は検討しなくていいと考えています。

――なるほど。「就業不能保険」も、重大性・緊急性とも○にしたのは、例えば病気やケガで障害が残り、仕事に復帰できない状態が何年も続くと、当人や家族の生活費を補てんするには多額のお金が必要になると思われますし、住宅ローンの返済などは、収入が途絶えても待ったなしだからです。

――たしかに、そうかもしれないですね。でも「介護保険」と「がん保険」は△でいいんでしょうか？ がん保険なんか、私の中では、重大性・緊急性のどちらも二重丸って感じなんですけど。

介護とがんについては、死亡や就業不能に備える場合と比べて、相対的に評価しました。例えば、生命保険文化センター「平成27年度 生命保険に関する全国実態調査」では、平均介護期間は4年11ヶ月です。また朝日生命の試算による公的介護サービスを限度額まで利用した場合の年間自己負担額は、要介護レベルにより20万～43万円です。すると10年分でも200万～430万円です。

したがって、子ども1人育てるのに1000万円単位のお金がかかるケースと比べると、重大性は小さいと見ています。がんに罹った時に必要になるお金も、保険会社（アフラック、カーディフ生命）や代理店（ニッセンライフ）、それから「がん政策情報センター」が行った調査を見ると、50万～100万円程度の負担に収まるのが一般的だと思われます（図表15）。

（図表15）がん治療や後遺症軽減のために支払った費用

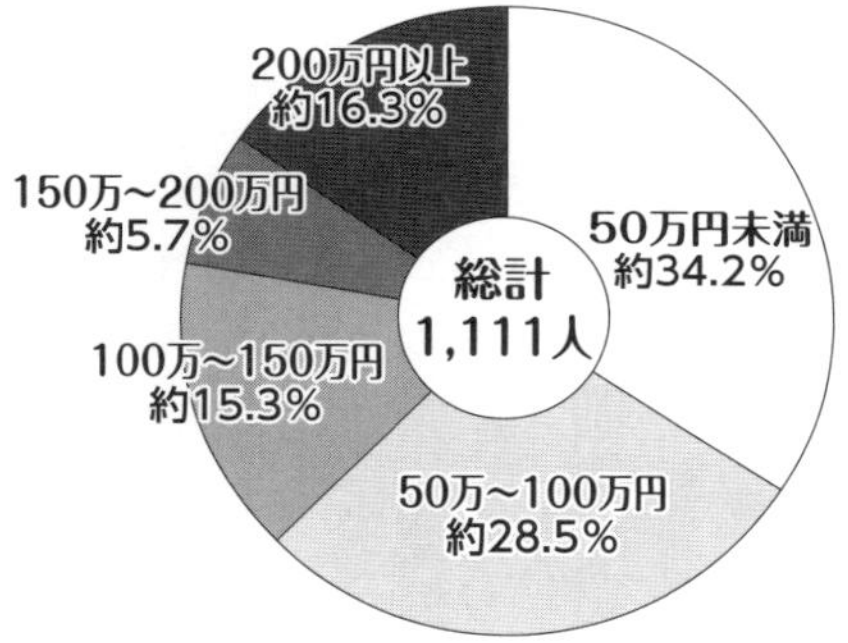

「患者が求めるがん対策vol.2～がん患者意識調査2010年～」（市民医療協議会／日本医療政策機構）　がん政策情報センターHPより

――えっ!?　がんって、何百万円もかかるんじゃないんですか？

複数の調査結果から見ると、一般にはそこまでのお金はかからなさそうですね。もちろん、なかには数百万円かかる人もいますよ。ただ、実験的な療法を選ぶとか、患者個人の意思が強く反映されているケースもあるので、がんに罹ると必ず数百万もかかってしまうとは言えないですよね。それから、仕事への影響から収入減になる人がいるとしても、死亡や就業不能状態で収入が途絶える場合に比べると影響は小さいと見て、△にしています。

――そうでしたか……緊急性はどうですか？

要介護状態になる人やがんに罹る人は、高齢者に多いことから、緊急性も△にしています。必要なお金を準備する時間がある、という見方もできるからです。

――なるほど……

もちろん、個人の考え方の違いは否定しないですよ。大病になっても生活のレベルを落としたくない人は、介護やがん保険の重大性・緊急性を大きく見ることになるかもしれません。ただし、そうなると保険料負担も相当な額になるはずですから、「欲しいお金」と「必要なお金」について分けて考えてみることが大切だと思います。で、「欲しいお金」のためにかける費用は、本来の意味でのリスク管理費とは違ってくると思うんです。

保険を利用する価値がある人は、限られている

――医療保険は、×なんですね。

重大性については、給付額が大金になりにくいと認識しています。前述の生命保険協会「生命保険事業概況」(95ページ)によると、2016年度の入院給付金1件当たり給付額は約10万6千円、手術給付金は約10万4千円です。大金が絡みにくく重大性が低いのであれば、緊急性を気にすることもないはずですよね。

——それはわかりやすいですね。

学資保険・個人年金保険などの貯蓄商品に関しては、保障目的で利用する保険のように瞬時に多額のお金が用意できる仕組みではなく、進学や老後など、お金が必要になる時期もあらかじめわかっているので、重大性・緊急性ともに×にしています。

——「保険でなくてもいいでしょ？」ってことですか。

そのとおりです。２つのキーワードで見ると、保険の利用がふさわしいのは、現役世代が急死や長期の就業不能状態に備える場合だ、と結論づけられます。だから、保険って、そんなに便利じゃないだろうと、あらためて感じているんです。

——なるほど、なんか、いろんなことが整理されつつある感じです。それで、後田さんの場合、死亡保険も就業不能保険も入っていないのはなぜですか？

子どもがいなくて、相続対策もいらないので、死亡保険は不要です。よく「死後整理資金」、つまり葬式代などを２００万円くらい保険で用意しておこうといった提案がありますが、自分の葬式はしなくていいと考えているので、10万円単位のお金しか必要ないんです。式をやりたい人はやったらいいでしょうけど、私は「戒名がいくら」みたいなビジネスは理屈抜きで嫌いなので、やらないです。

したがって、死亡保険は入らなくていい。一方、就業不能保険は、入っておいたほうがいいのかもしれません。フリーランスですから。中村さんもそうですけど、会社員と違って、健康保険の「傷病手当金」がないので、休業補償はないんですよね。

——そうなんですよ。

例えば、ライフネット生命の「就業不能保険」で試算すると、私の場合、58歳男性が月額10万円を70歳まで保障されるプランで、保険料は3000円強です。「それくらいの保険料だったら入っておけば？　お前、貯金も少ないし、頑健《がんけん》でもないし……」と自分に語りかける自分もいます。

——そういう後田さんもいるんですね（笑）

はい。ただ、180日を超えて仕事が出来ない状態が何年も続く確率って、死亡する可能性より低いと見ているんです。それと、ライフネット生命のニュースリリースから、保険料に占める経費の割合が30％近いこともわかるんです。他社と違って、経費の割合がわかることは素晴らしいことなんですが、「3000円入金すると1000円近い手数料が引かれるATMみたいなもの」と、反対する自分が勝ってます。

——そうでしたか。もう一息って感じなんですね。

まあ、そうですね。だから、いつも「就業不能保険は検討に値する」といった書き方をしています。「断然おススメ！」とは書かないんです。

――では、がん保険は、なぜ入らないんですか？

特別な治療法を選択しなければ、100万円かからないことが多いと見ています。100万円くらいのお金は私も持っています。それから、販売手法への疑問ですね。手数料や保険金の支払い実績を開示しないまま、心を揺さぶる体験談などばかり流布させるのはズルい！　と思ってます。

――そうですか。でも、こう言っちゃなんですけど、後田さんの場合、×印の医療保険にしても、これから出番がふえてくる年齢ですよね。

はい、50代も終わりのほうですからね。実際、私のような情報発信をしていると、「入院リスクなどは加齢とともに高まるのだから、『終身医療保険』加入は必須」といった反論もあるんです。でも、また別のキーワードで考えると答えがはっきりすると思います。

2つの視点で考えると、不要な保険がさらにハッキリする

——そのキーワードっていうのは、何ですか？

「経済合理性」と「不確実性」です（図表16）。もう一度、保険の仕組みを考えてみてほしいんです。「健康保険」や「公的介護保険」の保険料が値上げされる理由を想像してもいいでしょう。高齢者の入院保障などは、どうしたって保険の仕組みになじまないんです。

——どういうことでしょう？

入院リスクが高まる年齢で充実した保障を得るには、高額の保険料を負担する以外にないでしょう。だから、「高まるリスクに備えたい」という願望を重視すると、保険の「経済合理性」、つまり、手頃な料金で手厚い保障が持てる、という最大の利点が損なわれてしまうんです。この原則は、中村さんには、とっくに理解してもらっていますよね。

——はい。もう大丈夫です！

で、若いうちに終身型の医療保険に入っておくと、老後も比較的安い保険料で保障を持てるかもしれませんが、今度は、不確実性が高まります。保障内容が環境の変化についてて

（図表16）「経済合理性」「不確実性」で見た保険の利用価値

年代	経済合理性	不確実性
若年層	○	×
中高年	△	△
老　後	×	○

いけなくなる可能性などが大きくなるんです。だから、やっぱり保険はそんなに便利な手段ではないんだと、ある意味、見限っているんです。私の場合、これから不確実性は低くなる代わりに、経済合理性が下がります。だから、医療保険はもちろん、緊急性・重大性では△にしている介護保険も、私の場合、経済合理性で判断すると×になるんです。

——まあ、そうかもしれないですね。

評価が高いオリックス生命の医療保険「新ＣＵＲＥ」に58歳から入ることにして、老後の保険料負担を避けるために、65歳までに保険料を払ってしまう設計にすると、年間保険料は16万円を超えるんですよ。入院1日5千円、手術で10万円といった保障内容で。

——そうなんだ。

それに、元気で生きながらえるリスクもあると思うんです。例えば「入院時の食事代が平成30年4月から1食460円になる、以前は260円だったのに」って言う人がいます。でも、家で缶ビール

2本飲んでも、すぐに500円くらいになる。外で飲むと1000円じゃ済まない。プラス食事代もかかるので「健康だとお金かかって大変だぞ」って（笑）

――ははは。よくわかります。

仕事柄「何かあったらどうする？」という話をする機会が多いんですが、「何もなかったらどうする？　確率的には『不測の事態は起きないままお金がかかる日々』のほうが長いんだから」と思うんです。その場合、民間の保険はほとんど無力です。だから、私は「保険料＝安心料」みたいに考えることは出来ないんです。どう見ても「リスク管理費」だから、極力、出費がかさまないようにしたいんです。

――わかりました。

子どもがいる世帯主、検討に値する 収入保障保険 は？

――では、仮に後田さんが、小さな子どもがいる家庭の世帯主だったら、どんな保険に入りますか？

子どもが自立する年齢になるまでの期間限定で「死亡保険」に入りますね。同じ保険金額であれば、保険料が安いものにします。個人向けの保険だったら、「収入保障保険」ですね。

——それって死亡保険なんですか？

死亡時の保険金が分割払いされる保険です。35歳の人が60歳まで月額15万円が支払われる収入保障保険に加入して、50歳で亡くなると、15万円×12ヶ月×10年（＝60歳−50歳）で総額1800万円が支払われる、そんな内容ですね。加入後の経過年数に従って、保障期間の残年数が減るので、結果的に死亡保険金の額が少なくなっていく仕組みです。

——減っちゃっていいんですか!?

子どもが成長すると、配偶者が仕事を始めることも出来ますし、子どもが社会人になるまでに必要なお金も5歳の時と20歳の時では、後者のほうが少なくていいですよね？

——あっ、たしかに。

また、加入後に加入者の年齢が上がっていくにつれ、保険金額が下がる分、加入時の保険金額が満期まで続く「定期保険」より保険料も安いんです（157ページ図表17）。

——なるほど。具体的に「これに入ろうかな」と思う商品もぜひ教えてほしいです！

はい。

◎「収入保障保険」プロはこう見る

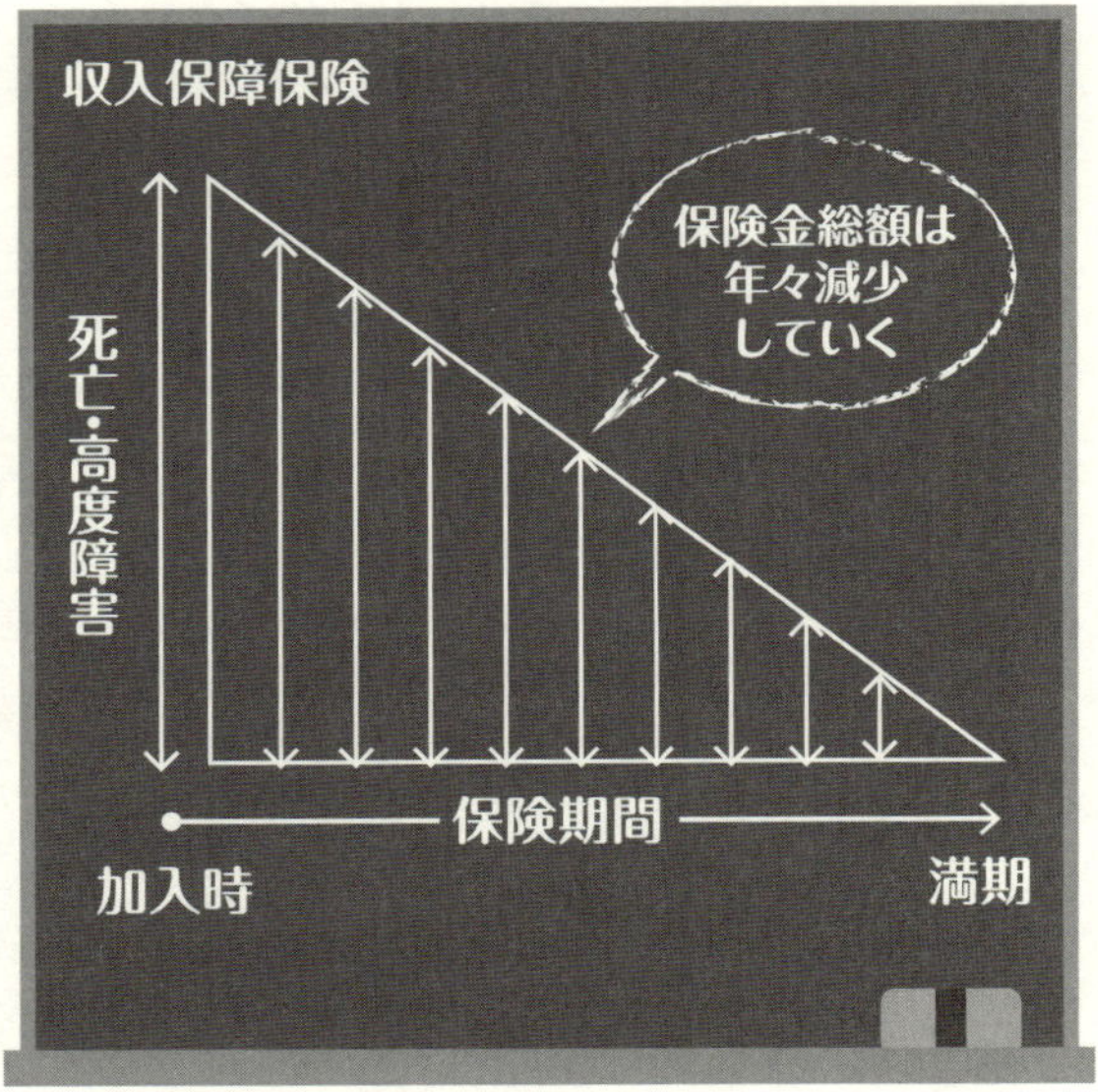

「家計保障定期保険」「生活保障保険」など保険会社によって呼び名が異なる。契約者が亡くなった時、遺族に対して死亡保険金が月々定額で支払われる保険。家計を支える人が、子どもが自立するまでの一定期間加入するというのが、もっとも優先順位が高い入り方。なかには、がんや脳卒中などの三大疾病になったら保険料が免除される特約が付いてくる商品もあるが、月々数千円程度の保険料相当額を保険で用意する必要があるのか、私には疑問。

◎損保ジャパン日本興亜ひまわり生命の「家族のお守り」
◎チューリッヒ生命の「収入保障保険プレミアム」
◎三井住友海上あいおい生命の「＆ＬＩＦＥ新収入保障保険Ⅰ型」

などを比べたいです。健康状態などにより割引料率が適用されるからです。で、喫煙者であれば、

◎アクサダイレクト生命の「収入保障保険２」とオリックス生命の「Ｋｅｅｐ」

を比べてみます。

――つまり、保険料が安いほうにしたらいいということですね。

はい。特約の類は、極力無視して、死亡保障のみに絞ったプランで比べて、安いものにしたらいいと思っています。年齢や保障を持つ期間によって、各社の優劣は変わります。なので、必ず代理店などで複数社のプランを比較することです。それから、「収入保障保険」に限らず、「比べにくい保険」は検討しないことにするのが大事かな、と思います。

――なぜですか？

いろんな特約などが付加されている保険は、保険会社の都合で提供されていると見ているからです。収入保障保険も、近年は就業不能保障や介護保障をセットにした商品が出てきています。それで、就業不能や要介護状態の定義などが各社で異なる場合、

①他の会社の同類の保険と単純比較が難しい
②契約内容の把握が難しい
③コストパフォーマンスがわかりづらい

という問題が生じます。保険会社には好都合なことかもしれませんが。

――そうなんですか?

対面販売の担当者に頼る人がふえるからです。どれがいいのかよくわからない場合、「おススメは何ですか?」とか聞きたくなるでしょう?

――たしかに!

そうなったら「こちらが人気です」とか、売りたい保険に誘導しやすくなります。それに、複数の機能がセットされていると、トータルでは保険料が安いのか高いのかよくわか

らなくなるので、価格競争も避けられます。死亡保障だけだと競争が避けられないでしょう。どんどん手数料などが抜きにくくなるわけです。

――なるほど……

実際、ある保険会社で商品設計に関わっている人も「(商品が)難しいことは、会社にとってとても重要です」って言ってました。だから、私は「一商品＝一機能」にこだわります。各種の特約をセットして付加価値を説く会社は「顧客本位ではない」と見なします。

――本当、特約ってわかりにくいですもんね。それで、いざという時、いくらくらいもらえるといいと思いますか？

例えば、私が妻と0歳児がいる会社員であれば、万が一の場合、子どもが18歳になるまで、少なくとも年間130万円超の「遺族年金」が国から給付されます。月額換算して10万円超です。なので「毎月、あといくらくらいあれば暮らしていけるか」と考えて、「月額30万円もあればなんとかなる」ということなら、遺族年金に上乗せする保険金が20万円あればいいので、保険金月額20万円の「収入保障保険」に入ります。

――なるほど。

期間は、35歳だったら60歳くらいまでで十分ですよね。子どもは25歳になっていますから。55歳という考え方もあると思います。55歳までなら保険料は5000円未満です。

――わかりました。

他に死亡保険を検討するなら何がいい？

――他に、入ってもいいかなと思う保険ってありますか？

「収入保障保険」の保障期間が長すぎる、と感じる向きは「定期保険」を検討したらいいと思います。子どもが自立するまで、収入保障保険に入ると20年超の契約になります。すると不確実性が高まるという見方もあっていいと思うんです。その場合、向こう10年、2000万円といった一定額の保障があって、10年ごとに更新していく「定期保険」を利用することになるでしょうね。

――でも、10年後には年を取っている分、保険料が上がるんじゃないですか？

そうです。ただ、長寿化が進んでいる、つまり死亡率は下がっているので、新たに入り直しする場合でも、昔ほど大幅な値上がりは避けられるかもしれません。仮に、保険の入り直しが難しい健康状態になっていたら、自動更新したらいいですし。保険会社にとっては、自動更新を選ぶ人たちって、怖いらしいですよ。保険金を支払うリスクが高いお客さんの集団が残り続ける可能性を想像するわけです。

――あ、そういう人たちは、保険会社的にはむしろ解約してほしいってことですか⁉

おそらく。面白いですよね。

――定期保険だと何がおススメですか？

勤務先に「団体保険」や業界独自の「共済」制度があれば、民間を検討する前にそちらを確認します。先ほど言い忘れていましたけど「収入保障保険」とも比べてほしいです。

――そっちのほうが保険料が安いんですか？

その可能性が大きいということです。保険会社の内勤の人も愛用しています。特約なんかほとんどついていない保険ですよ。「売っている保険」と「入っている保険」が違うんです。

――そうなんですね。団体保険を利用できない人たちは、どんなのがいいのでしょうか？

タバコを吸わなくて健康状態が良好な人は、

◎チューリッヒ生命「定期保険プレミアム」

◎メットライフ生命「スーパー割引定期保険」

を比べたらいいでしょう。やはり優遇割引が効くんです。優遇割引は採用していないけれど、相対的に安いのは、

◎ライフネット生命「かぞくへの保険」

◎アクサダイレクト生命「定期保険2」

などでしょう。

――この先10年間、死亡保険に入るとした場合、保険金の額はいくらにするんですか？

収入保障保険と同じように入ると保険料が高くなります。例えば、月額20万円を20年分確保しようとすると、死亡保険金額4800万円で、保険料は35歳男性で1万円を超えることもあります。収入保障保険であれば、10年後に保険金額は2400万円に下がるところが、20年間、4800万円のままですから、どうしても保険料負担は大きくなるんです。

――まあ、そうでしょうね。

ですから、遺族年金以外で、とりあえず年収200万円が10年分あればいい、10年の間に次の人生の過ごし方は考えられる、その時間稼ぎが出来ればいい、と考えて2000万円の保険に入っておくといった選択をします。このへんの判断は、人それぞれですよ

（図表17）定期保険と収入保障保険の違い

●定期保険

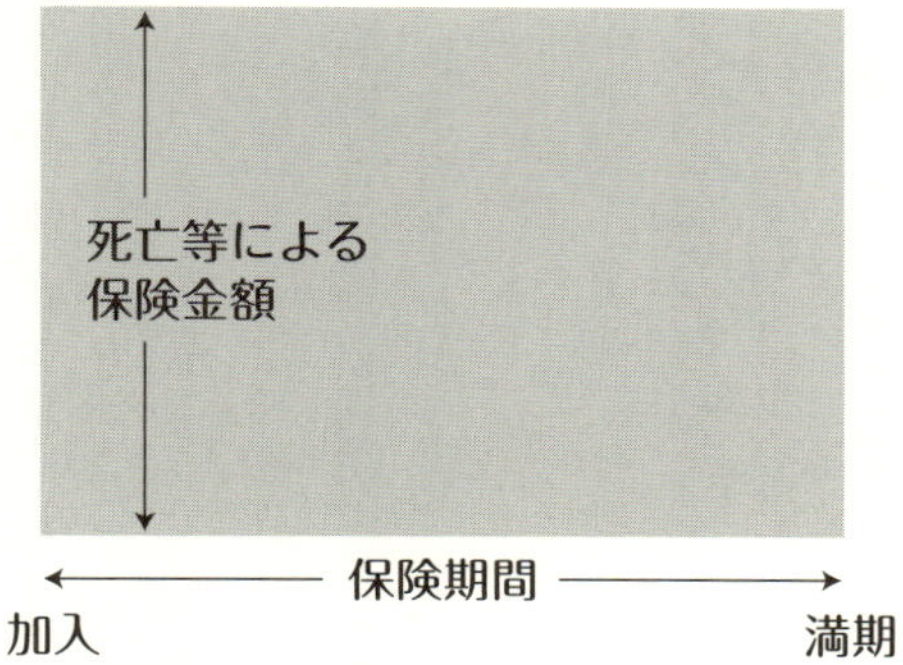

同じ保険金額が満期まで続く分、
保険料が高い

●収入保障保険

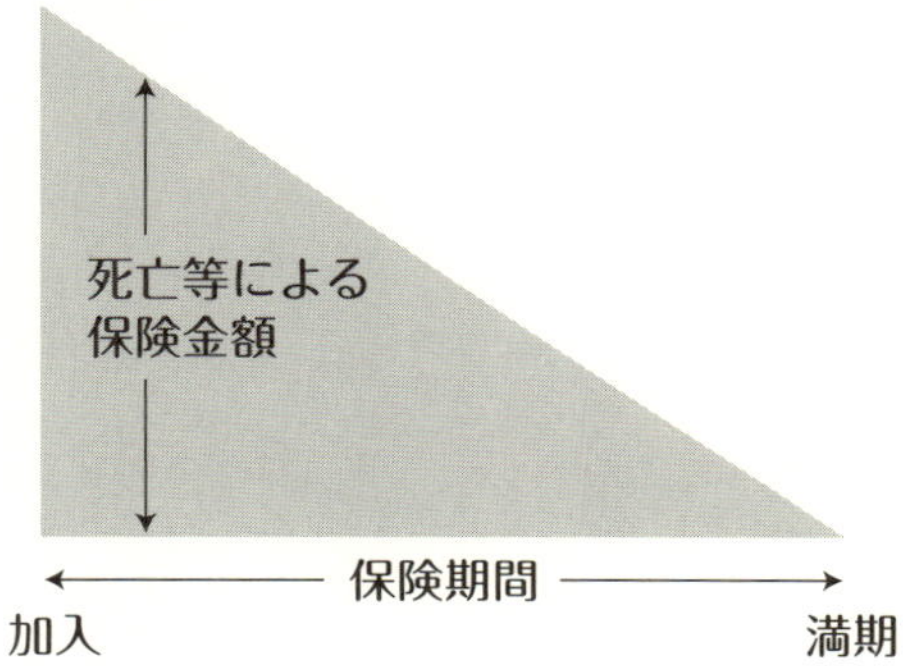

保険金額が年々減っていく分、
保険料は定期保険に比べて安くなる

ね。年収5年分も確保できれば、配偶者も仕事を見つけたりするだろう、とりあえず1000万円にしよう、と考えてもいいと思うんです。

──正解はないんですね。

はい。正直、世帯主に万が一のことがあった場合、残りの人生にかかるお金の額を他人に決めてもらいたがる人が多いんだなぁ、と感じることもありますね。自分の人生じゃないですか？　と思うんです。もちろん、遺族年金のことを知らない人などには助言しますよ。でも、最後はご自身の判断でしょう？　と思うんです。

──望んでいる生活水準なんかにもよるでしょうしね。

そういうことです。

就業不能保険を検討するなら何がいい？

──わかりました。個人的に気になるのは「就業不能保険」（160ページ）なんですよね。単身世帯もふえていますし、フリーランスの私には一番必要なのかなって。選ぶとしたら、どれがいいのでしょうか？

まず、大手企業などにお勤めの方は、「団体保険」を確認してほしいですね。「長期所得補償保険」が安いことが多いです。団体保険を利用できない人は、

◎ライフネット生命「働く人への保険2」
◎チューリッヒ生命「くらすプラス」
◎アフラック「給与サポート保険」

を比べることになるでしょう。

私がどうしても入るとしたら、ライフネット生命にします。チューリッヒは医療保険が主契約なので「一商品＝一機能」ではありません。アフラックは、長期療養支援給付金の支払いがなかった場合に、長期給付無事故支払金が給付されるのが余計だと思ってます。「給付金支払いがなかった場合にお金がもらえる？　そんな機能はいらない、保険と関係ないだろう」と。保険金額はローンの有無などで変わるでしょうね。私の場合だとローンもなくて、外出の機会なども減るでしょうから、月額15万円くらいあればいいですね。近年、認知度が高まりつつある保険なので、これから新商品が次々に出てくることも予想されますから、しばらく様子を見るのもいいと思いますよ。

◎「就業不能保険」プロはこう見る

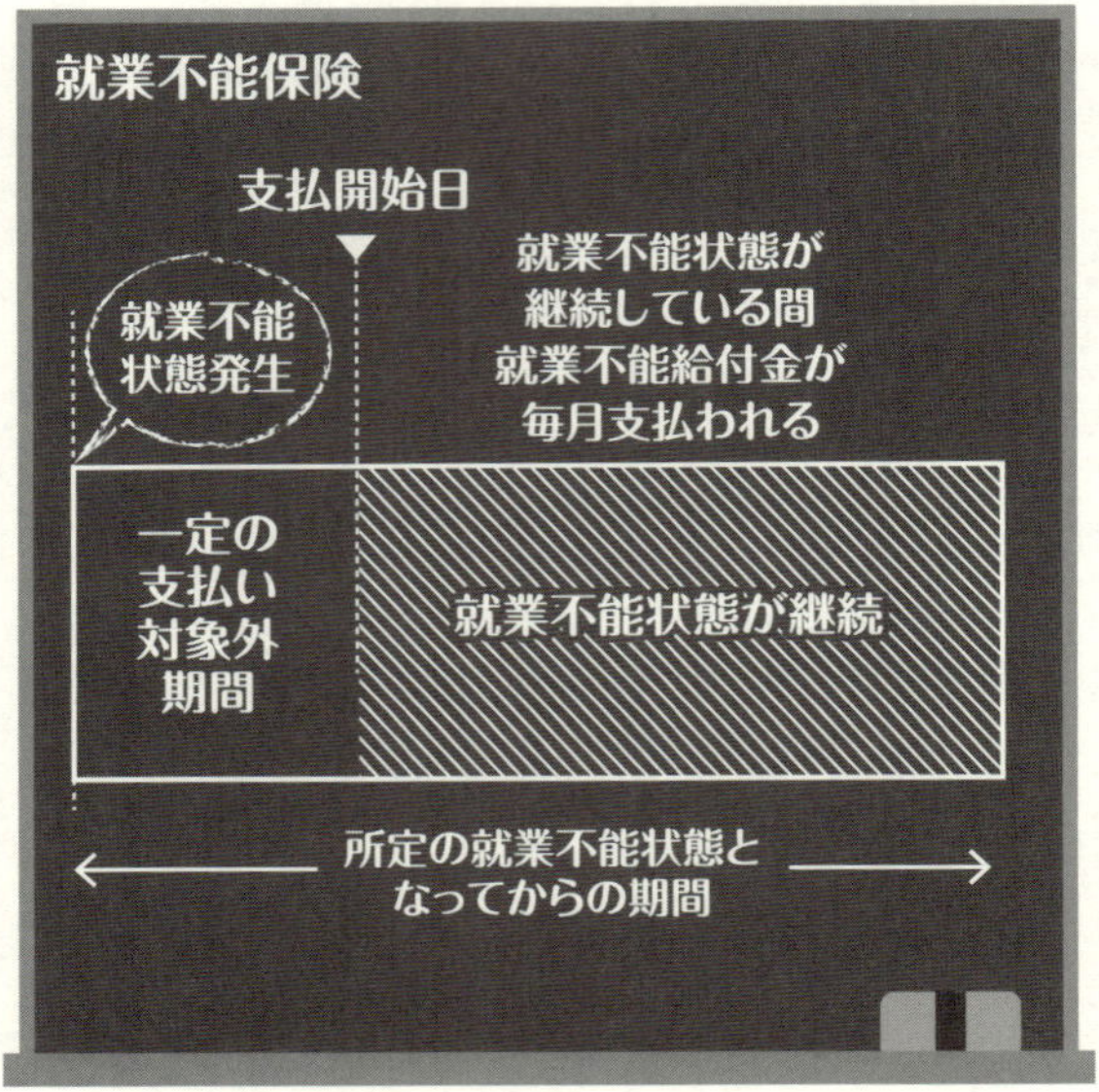

損害保険会社では「長期所得補償保険」として販売されている。病気やケガなどで長期的に働けなくなった時に月々定額で支払われる保険。60～180日といった免責期間（保険が支払われない期間）について「短いほうが保障として優れている」などと評する向きもあるがマチガイ。原則、長いほうが安い保険料で手厚い保障が持てるはず、と考えよう。

がん保険を検討するなら何がいい？

――なるほど、では続いて「がん保険」はどうでしょうか？

がん保険は、一般の方が入りたがる終身タイプでは、

◎ライフネット生命の「ダブルエール」

ですね。診断給付金だけ、という設計ができるんです。それも300万円まで。こんなにわかりやすい「がん保険」ばかりだったら、価格競争が進んで所得が少ない人なども利用しやすくなりますよね。

――そうかもしれないですね。

ところがですね、ファイナンシャルプランナー（FP）などには、治療法別に給付金が支払われるがん保険が人気なんです。私にはまったく理解できないんですが。

――なぜですか？

がんと診断された時点で、まとまった額のお金が入れば、入院でも通院でも放射線治療

でも、何にでも使えるでしょう？　どうしてお金の使い道によって、給付が分かれるほうがいいのか？　保険会社は治療法別に、給付金支払いが発生する確率をあらかじめ高めに見込んでいるだろうと思います。したがって、その類のがん保険では、加入者からすると「不利な賭け」に乗る機会がふえることになります。どのみち、不利な賭けであれば、がんに罹るかどうかという1回の賭けにしたほうがいいでしょう？

——たしかに……でも、ＦＰの人たちは、どうして治療法によって給付金が支払われるがん保険を評価しているのでしょうか？

だから、わからないって言ったじゃないですか（笑）。

ひょっとしたら、これも保険会社の都合があるかもしれないです。例えば、がんの検診方法が進化すると、診断給付金の支払いがふえます。ある保険会社の広報の人は「１００万円単位の診断給付金は、保険会社にとっては〝ジョーカー〟だ」と言いましたから。10万円くらいの治療法別の給付金を小出しにするほうが、会社の負担は軽いでしょうし、比較検討も難しくなって、戸惑うお客さんを誘導しやすくなる……。そんな一面もあるのではないかなと。

——そうですか。

ただ、そもそも終身でなくていいだろうと思うんです。診断給付金が100万円のがん保険の場合、「100万円なら自分で出せます」という人は入らないほうがいいわけです。保険から100万円引っ張るには毎月保険料がかかるのに対して、自分の口座から出せば、コストはゼロですから。もう、この感覚は理解してもらえますよね？

——はい、ATMの話で理解しているつもりです。

だから、お金がない間の期間限定で、がん保険に入ればいいと思います。

——その考え方はわかるんですけど。でも、終身型と定期型で例えば1000円や2000円くらいの差額しかない場合、毎月2000円貯金がふえても、100万円になるまで40年以上もかかりますよ。

はい。ただ、その計算って、すでに保険に入ることが前提になっていると思うんです。現状、保険はすごくコストが高い金融商品なので「なるべく入らないほうがいい」が前提です。また、不確実性を考えると、保険が有効なのは遠い将来ではなく近い将来ですから、期間限定が望ましい。このような原則論でシンプルに判断するほうが、間違いが少ないのではないでしょうか。

——そうでした！

保険に入ることが前提になると、原則から逸《そ》れていくのが面白いでしょう？

——なんだろう……本当、不思議ですよね。で、定期型だと何がいいでしょうか？

定期のがん保険なら、

◎**アクサダイレクトの「がん定期」**

ですね。入院給付金と診断給付金だけのプランが選べます。入院給付金は要らないと思うんですが、保険会社にとっての保険でしょうね。

——えっ？　どういう意味ですか？

1日1万円の入院給付金などより、一括で100万円の診断給付金のほうが保険会社にとって痛いのはわかりますよね？

——はい。

だから、入院給付金も付けてあると、入院が短くなっていることもあって「診断給付金は払ったものの、入院給付金は見込みよりお金が出ていかなかった」みたいなことになると思われるんです。

——なるほどなあ……

ほかには、

◎SBI損保の「がん保険（自由診療タイプ）」

もいいと思います。この保険で選ぶとしたら「診断給付金なし」のプランですね。

——えっ？　いままでと全然違うじゃないですか。

この保険は、入院時にかかった費用（健康保険が肩代わりした後の自己負担分）を全額、通院については1000万円まで、補てんする保険なんです。だから、診断給付金がいらないと思うんです。

——へ〜、そういうことでしたか。

中村さんの年齢であれば、アクサダイレクトは650円、SBI損保は620円で加入できます。私が自分で入るとしたら、定期型ですね。

それでも 医療保険 に入るなら何がいい？

——「医療保険」はどうでしょうか？

何がなんでも一生涯の保障が欲しい人は、

◎オリックス生命の「新ＣＵＲＥ」

でしょうね。でも、「一生涯の安心は幻想ではないか」と冷静に考えられる人は、

◎都道府県民共済

もいいと思います。例えば「都民共済」で入院保障２型を選ぶと18〜60歳まで１日１万円の入院保障などを月額２０００円の掛け金で持てます。決算の後、割戻金《わりもどしきん》と言って剰余金が払い戻しされるので、実質的には１３００円台の負担で済みます。もし私が入院保障にこだわるのであれば、都道府県民共済にします。

――共済と保険はどう違うんですか？

監督官庁や法律の違いはありますが、一般の方は、自分にとって利用しやすいほうを選んだらいい、という認識でかまわないでしょう。私は、都道府県民共済をわりと高く評価しているんです。商品自体が最高だとは思ってないんですが、お金の流れが生保よりわかりやすいですし、良心的な仕組みだと認識しています。

――そうなんですか？

はい。最初のほうで、売れ筋の医療保険の場合、保険料の30％くらいは保険会社の運営費に使われると見ていい、といった話をしましたよね。都道府県民共済の場合、決算の実績から**運営費の割合は12％弱**とわかるんです。推計ではなくて事実なんです。しかも、規模が拡大するにつれてその比率が下がってきている。共済よりはるかに収入保険料が大きい保険会社でも、見られない傾向です。「顧客本位」と言うのは簡単ですけど、実行している保険会社がどれくらいあるのか？　正直、名前が浮かびません。**埼玉県民共済なんか、掛け金収入に占める運営費の割合は3％ですよ。**

――3％はすごいですね！

営業集団を雇っていないのが大きいと思います。テレビCMも見たことないでしょう？

――たしかに、そうですね。

介護保険に入るなら何がいい？

――では、「介護保険」はどうですか？

介護保険なら、

◎パルシステム共済生活協同組合連合会の「コープの介護保険」

ですね。要介護状態になりにくい現役世代に適しています。月々数百円で500万円や700万円の保険金ですよ。都道府県民共済もそうですが、老後の保障は小さくなりますし、一生涯の保障ではないです。この点を「だからこそ、手ごろな料金で手厚い保障が持てる」と評価すべきなんです。

——はい、よくわかっているつもりです。

そろそろまとめましょう。卑近な例で恐縮ですけど、私の甥《おい》が社会人になった時「どんな保険に入ると良いのか」と尋ねられて「早く100万円くらい貯めて、民間の保険は、子どもが出来た時、考えたらいい」と言ったんです。

——入るなら、死亡保険くらいでいいんだということですか？

そうです。100万円が「医療保険」や「がん保険」代わりです。あくまで金額の大きさで一線を引くのがポイントです。子どもが幼い時の死亡保障は、100万円では足りないだろうから仕方なく保険を検討しよう、というわけです。これって、一般の人が「自動車保険」ではちゃんとできている判断なんですよ。

迷ったら「自動車保険」の入り方を思い出そう

――どういうことですか？

自動車保険では、賠償責任に関しては、保険金額を「無制限」にします。事故で歩行者などを死亡させてしまうと、賠償金の額は億単位になることもあるからです。

――1億円を請求されても払えないですからね。

そうです。一方で、自分の車の修理費などを補てんする「車両保険」には入らない人も珍しくありません。

――あ、うちの実家もそうです。中古で買った車だから、車両保険には入らなくてもいいかってなりました。

駐車していて盗難に遭ったとしても、例えば「40万円くらいで買い替えられる、それくらいのお金なら持っている」と考えているわけです。さらに、車両保険に入るとしても、10万円までの修理費用は自己負担にするといったプランが好まれます。高額な保障に限定することで、保険料を安く抑えることができるからです。

――なるほど、わかりやすいですね。

自動車保険に関しては、ほとんどの人が「自分で払える金額は自分で負担して、その分保険料を抑えよう」という判断が出来るんです。ところが生命保険になると「日帰り入院でも2万5千円もらえる保険がいい！」とか、「掛け捨てはもったいない」とか、急に変わるんです。

――でも、車と人ですから、ちょっと違うんじゃないですかね？

おっしゃるとおり、物と人は違います。ただ、自動車保険でも生命保険でも、保険が対応しているのは「お金の問題」です。お金（保険料）を払ってお金（損害賠償保険金や死亡保険金）を用意する点も同じです。その際、保険料から保険会社の運営費が引かれるため、加入者に還元されるお金の割合は、全体では100％未満になる原則も変わりません。で、何度でも言いますが、1万円入金すると数千円の手数料が引かれるATMのような仕組みなんです。だから**「自分では用意できない大金」が必要になる事態に限り利用する**。お金が大事だったら、物にかける保険でも人にかける保険でも、この考え方を変えないほうがいいはずです。

——生命保険では、考え方が変わりやすいんですね。面白いです。

自動車保険で「10万円までは自己負担する契約にするほうが賢い」と判断した人が、短期入院で2万5千円とか5万円が支払われる医療保険をありがたがるんですよ。同じ人とは思えないでしょう（笑）

——たしかに。

だから、あらかじめ、入院している自分や大病にかかった時のことなどを想像すると、冷静な判断が出来なくなりやすい、という前提で考える。その時、役に立つのが自動車保険の入り方なんです。これからも迷った時は自動車保険のことを思い出してください。

「入り直し」は損なのか

——自動車保険の話はすごくわかりやすいですね。ところで、新規で入る保険のことはわかったんですけど、すでにたくさんの保険に入っている人なんかはどうしたらいいんですか？

いわゆる「見直し」ですよね。

——そうです。

方向性は自動車保険と同じです。自分では用意できない額のお金だけ保険に頼ることにして、必要最小限の保障にしていきます。年齢が上がっていても、加入中の保険をやめて、別の保険に入り直すほうが安いこともあるんですよ。

――本当ですか？

はい。死亡保険などは死亡率が下がっているので、保険料が安くなっていますし、そもそも同じ保障内容でも他社より保険料が割高な会社の保険に入っている人もいます。ですから、「入り直し」は十分検討に値します。ただ、相談相手が重要だと思います。新規加入の時と同じで、健康状態や家計の状況などを把握したうえでの判断になりますから。

結局、保険のことは誰に相談したらいいのか

――誰に相談したらいいんですかね？

「見直し」も「新規加入」を検討する場合も、保険商品を売っていない人に、情報提供料を支払って話を聞いたほうがいいはずです。有料で相談業務を行っているファイナンシャルプランナーなどですね。

――私が行ったような街中の無料の保険ショップはダメですか？

無料の窓口は、ショップに限らず、危険でしょう。相談にかかる時間と労力、窓口を作って維持するお金を、商品販売で得られる手数料で回収するビジネスモデルですから。銀行や郵便局（かんぽ）の窓口も同じですよ。

――無料は危険ということでは、保険会社の営業の人なんかも同じように要注意なんですね。

はい、新規契約の獲得に生活がかかっているわけですから。どんな保険でもいいから入ってもらいたいかもしれない。あらかじめ「利益相反」の立場です。「断じてそんなことはない！　不要だと考える保険は一切売らない」と言う人もいます。それでも、相談相手の良心をあてにするのはどうでしょうか？　そもそも、不要だと考えている保険自体がほとんどないことも考えられます。「あれも大事、これも必要」という教育を受けていたらそうなります。商品の拡販目的で雇用されている限り、当然ですよね？

――たしかに。では、金融機関なんかに勤務していないファイナンシャルプランナーにお金を払って相談するのがいいんですね。

はい、一般論としてはそうです。ところがですね、現実には、いわゆる「独立系」と呼ばれるＦＰも油断ならないんですよ。

――えっ？　そうなんですか？

はい。テレビ・新聞・雑誌等で著名なＦＰでも、保険代理店の仕事などで稼いでいる人が珍しくないんです。執筆や相談業務での収入には限りがあるということで、代理店をやっていたり、お客さんを紹介して報酬を受け取っているわけです。その場合「保険には極力、入らないほうがいい」といった助言は難しい立場だと見ることができます。相談は有料で、なおかつ案内した商品の契約が成立した場合、手数料も得られるんです。私も代理店にいながら有料相談を始めたので、そんな時期があったんですが、やはり筋が違うだろうということでやめて、それは本当に良かったと思っているんです。

――う〜ん……

誰が独立系って言い出したのか知らないですけど、わかりやすく「販売系ＦＰ」と呼ぶべきでしょうね。いかにも仕事が減りそうな呼称ですけど（笑）

――そうですね。

そういう意味で相談相手の収入源の確認が一番大事だと思います。表向きの看板はあてにならないです。ズバリ「代理店やってないですか？」などと尋ねたほうがいいです。それに、ＦＰのアドバイスって「こんなので大丈夫か？」って感じることもあるんです。

――例えば、どんなことですか？

貯蓄商品の解約時の保険料の払戻率を「老後には100％を超える」とか、額面どおりに評価することが多いです。

――将来のお金の価値は低く見るのが当たり前でしょう、って言いたいわけですね。

そうです。なぜ金利というものがあるのか？　と考えると、時間によってお金の評価が変わるからでしょう。だから、100％云々《うんぬん》って言っている時点で、マズいだろうと。仮にもファイナンシャルプランナーを名乗っていて、それはないだろうと思います。それから、販売系FPは、保険商品のコストに寛大です。投資信託で運用する「変額保険」ってあるんですけど、「高コストだからダメ！」って言わずに、「インフレに強い」とか好意的だったりします。手数料が高過ぎる、とは言いにくい立場だからかもしれません。

――結論。保険のことは、相談料を払って後田さんに聞きなさい、と（笑）

いや、もちろん、大いに有料相談を利用していただきたいんですが、できたら複数の人にお金を払って相談してほしいです。得意分野が違う場合もありますし。例えば、私は税務や相続には強くないです。商品知識も代理店の人のほうが上です。

――そうなんだ……

ただ、一般の人にできるのは、優秀な相談相手を選ぶことではなくて、あらかじめ利益相反が起こりやすい相手を避けることくらいだと思うんです。「この人は優秀だ」と判断するには、相手以上の知見が必要でしょう。でも、相手以上に知見があれば、そもそも相談の必要がないですよね。

――ええ。

だから、「有料相談が最高！」と言うつもりはまったくなくて、消去法で「どう考えてもマシだと思いませんか？」という感じなんです。

――そうですね。

だから、もし、保険を売っている立場の人にしつこく薦められたら、「すみません。保険を売っていない人に相談料を払って相談することにしているので」とキッパリ言うのがいいいんじゃないかと思いますね。

営業マンにしつこく薦められた時の確実な断り方は？

――なるほど。で、そうしてアドバイスをもらって、保険を決めたとします。だけど、やり手の保険営業マンに説得されて、入るつもりじゃなかった保険に入らされそうになったらどうしようって心配もあるんですよね。私、断るのが苦手なので。

いろいろと話しかけてくる人には「手続きだけお願いしたいので、すぐに手続きに進んでもらえますか？　難しい場合、他の人にお願いします」と言ったらいいです。受け身になると弱い人は、自分から問いかけるのがポイントです。別の話題に振られそうになったら無視して「すぐに手続きしてもらえないんですか？」とたたみかけます。

——そうかぁ、受けに回っているからダメなんですね。

対話にならないようにするのがポイントです。代案を提示されても「結論は出てるんです。お互い時間を大事にしましょう」と言って、相手の土俵に上がらないことです。あと、最近は商品を売らないアドバイザーが、お客様に付き添うサービスもあるらしいです。有料ですけど、余計な情報を遮断してくれるはずです。

——そんなこともあるんですか？

私はそこまでやっていないですけど、依頼されたらやってもいいなと思っています。まあ、セールスに弱い人は、ネットや通販で加入する手もありますよね。コールセンターをさんざん利用して。

――わかりました。

いままで入っていた保険を見直す際のシンプルな結論

――あと最後に、いままで保険に入っていた人が、この本を読んで、自分には必要ない保険に入っていたと気づいたとします。解約したほうがよさそうだと。でも、これまで支払ってきた保険料のことを考えると、もったいないという気持ちが出てきて、解約するのを躊躇《ちゅうちょ》しそうな気がしますが、そういう場合って、どう考えたらいいんでしょうか？

これだけ払ったのにもったいないとか、無駄になるとか、そういった感情を捨てることが大切です。払ったものはどうしたって戻ってきません。貯蓄性の保険に関していうと、今後のお金のふえ方だけを見ることです。いまやめたらこれだけ損だとかマイナスだとか過去を振り返るのが一番無意味です。気持ちはわかりますけどね。だからこそ大事なのは「これから」のことなんだ、と切り換えてほしいです。

――やっぱり保険と向き合う原則は、感情から距離を置くことですね。わかりました。ありがとうございました!!

6章のまとめ

□保険を利用する意義のあるのは、現役世代が死亡や就業不能に一定期間備えるケースに絞られてくる。

□保険に入るなら、まずは団体保険や共済で該当する保険がないか確認する。

□保険の相談は商品販売による報酬を得ていない有識者に相談料を払って行うことが望ましい。

エピローグ――保険を良くするのは誰か

「私、まず100万円貯めます。急いで保険に入るのは、やめておきます。急に入院したりする可能性は低いし、仮に入院しても『健康保険』があるし、親も現役なので、お金が足りない場合、最悪、親に借りてもいいと思うんです」

前章までの対話から中村さんが出した結論です。正解だと思います。「お金の問題」に適切に対処するために何を優先するのか、明らかになっているからです。

本来、お金に関する判断は難しくないのだと思います。お金は大事なので、

1 極力、「お金がふえやすい選択」をし、「減りやすい選択」は避ける
2 「他人のお金を動かしたがる」人や情報を疑う
3 判断に迷う場合、「慎重になるのが当然」と考え保留する

心がけるのはこれくらいだと思うのです。付け加えるとしたら、素人である家族・知人・

友人の意見や体験談などは重視しないことでしょうか。

現状、保険加入は、お金が「減りやすい選択」の一つです。保障目的の保険では「1万円入金すると数千円の手数料が引かれるATM」を愛用するようなことになり、貯蓄性が語られる保険でも、契約初期に多額の手数料がかかるため、わざわざ「大きくお金が減った状態から貯蓄や運用をする」ことになるからです。

したがって、保険の利用は必要最小限にとどめるのです。強調したいのは、この判断が、年齢・性別・家族構成・職業・年収などを問わないことです。どんな人でも「お金が減りやすい選択」はしないほうがいいはずだからです。

本書で「40代で妻と子どもが1人いる男性」向けの保険といった、いわゆる「ライフステージ」別のモデルプランなどを提示していない理由もそこにあります。年齢や家族構成に関係なく、「いくらお金が用意できるか」という問題だからです。

用意できるお金の額は、年齢や家族構成ではなく、換金可能な資産の残高や勤務先の保障制度などによって変わってきます。仮に40代で子どもが2人いる人でも、健康保険や福利厚生制度の保障が手厚い企業に勤務している人の場合、民間の保険に加入する必要がない人もいます。そういう身も蓋もない話なのです。

中村さんが「まず100万円を貯める」ことにしたのは、100万円あれば、「医療保険」や「がん保険」に加入する必要性が下がるからです。

100万円という「お金の額」で一線を引いている点が重要です。「お金の使い道」に応じた対処法を探す、というありがちな間違いをしていないのです。実際、

- 入院した時
- がんに罹った時
- 病気やケガで長期間にわたり仕事に就けなくなった時
- 世帯主が急死した時
- 要介護状態になった時
- 退職後
- 葬儀の時

など、さまざまな状況により必要となるお金のことを考えると、保険を「心配事」や「不安」の有無に応じて利用することになりがちです。年齢・性別・職業・家族構成などにより、

多くのパターンが想定されるライフステージ別に保険加入を検討することが典型的な例でしょう。

「独身時代は、死亡保険は不要だとしても、医療保険は必須。しかも加齢とともに入院リスクなどは高まるので、向こう10年間の保障より一生涯が望ましい。中高年以降は、老後に備えて介護保険も追加したい」といった判断につながりやすいのです。

それは「お金が減りやすい選択」を広く・長く繰り返す行為です。お金を大事にしたい人であれば、やってはいけないことでしょう。

中村さんは、すでに「医療保険」を、数万円から10万円単位のお金を用意できることが多い手段の一つと見ています。入院時の不安などに着眼すると、お金の問題に正しく対処することが難しくなる、と知ったからです。「がん保険」にしても、虚心に１００万円＋αのお金を用意する手段と見ているのです。

そして、１００万円くらいのお金であれば「保険ではなく自分で用意するほうが賢明だ」と結論づけたのです。自分の預金口座等で積み立て、引き出す場合、ほとんど費用がかからないからです。

「最悪、親からお金を借りてもいい」と言っているのは「お金の問題はお金が解決する。

お金の出どころは関係ない」と気づいたからです。ただし、お金の出どころは関係なくても、お金を用意する際、手数料等の費用がかからないほど良いので、保険の利用は控える、ということなのです。

保険をよく知る保険会社の人が、「医療保険」に入りたがらない理由も同じです。せいぜい10万円単位のお金を保険会社から受け取ろうとすると余計な費用がかかる、と考えているのです。

このように、お金の問題を解決するために必要な「金額」と、そのためにかかる「費用」で考えると、保険に関する判断はとても簡単になります。保険が対応しているのはお金のことなので、本稿の冒頭に書いた3つの心がけとも馴染みます。

1　保険は、お金が減りやすい仕組みなので、最小限の利用にとどめる
2　他人のお金を（保険料として）動かしたがる（営業担当や代理店などの）人や（広告・セールストーク・体験談などの）情報は疑ってかかる
3　保険契約は、多額の出費を伴うので、判断に迷う場合、「慎重になるのが当然」と考え保留する

で、決まりです。

この判断基準に照らすと、前章で触れたように、せいぜい現役世代の世帯主の急死や、就業不能状態など、大金が絡む事態のみ、期間限定で保険を利用することになるでしょう。しかも、判断に迷う特約などは付加しない方向での選択になるはずです。「お金の問題」として金額と費用で考えると、難しい話にはならないのです。

にもかかわらず、巷間「保険は難しい」と言われることが多いのは、「お金の問題」に、不安などの「気持ちの問題」を絡めて、わかりやすい話をわかりにくくしている人たちがいるからでしょう。

例えば、他ならぬ消費者がそうだと思います。「はじめに」に書いたように、保険会社で情報発信に関わっている人たちが、金融商品としては破格と思われる手数料等に関する情報を開示しない一方、大病に罹った著名人の体験談などを繰り返し流布しているのはなぜでしょうか。

論理的な思考をしないまま、情緒的な選択に走る消費者が多いからでしょう。契約に要する費用が明らかにされていないのは、手数料などを厳しく問う消費者が少ないからでしょう。保険会社が提供する情報に偏向があるとしたら、その要因は、つまるところ、消費者の反応に求められるだろう、と思うのです。

実際、私は、保険関連の仕事をするようになって、「日本人は勤勉」というのは、間違った認識だと感じるようになりました。単に「従順」で、大量の広告や周囲の人の声などから醸成された空気のようなものに流されやすく、自分なりに物事を考え判断することにおいては怠慢だ、と思うことが多いのです。

もちろん、仕事や趣味以外の分野では、誰しも広告や周囲の見解を参考に、諸事、熟考することもなく判断してしまう、それは責められないことだろう、とも感じます。それでも、例えば「対面での相談が無料である場合、提供される情報は販売促進情報中心になる」と考えることくらいはできると思うのです。

ところが現実には「営業の人を信じていたのに騙された」などと言う人が少なくありません。契約内容を子細に検討することが面倒で、利益相反の関係にある相手を信じることにしたのは誰なのか、他人のせいにして気が済めばいいのか、大事なのはお金の問題について正しく判断することではないのか、と声を大にします。商品やサービスの品質を決めるのは、消費者に違いないからです。

現状、生命保険の商品やサービスは、考えることが苦手な消費者を前提に展開されている感があります。大変残念なことです。私が知っている保険会社の人たちは、皆、とても優秀だからです。

例えば「不確実性」というキーワードを知る人たちは、そもそも「一生涯の保障が安心」などとは認識していないのです。貴重な人材の能力が、あざとい情報発信などに使われるのは、もったいないことだと感じます。その気になれば、もっと消費者のためにも使えるだろうと思うからです。

彼らをその気にさせるのは、消費者以外にいないはずです。必要なのは、少しだけ立ち止まって考えてみること、それだけなのです。「私、貯金します」と言った中村さんの表情は晴々としていました。今回、ほんの少し、立ち止まって考えてみることにした結果です。

ここまで本書をお読みになった方には、本格的な学習や研鑽なしにたどり着けない境地だとは思えないはずです。ぜひ、ご自身でもお試しいただきたいと思います。私は、消費者が変われば生命保険の商品やサービスは変わる、そこに関わる人も変わる、いまより、かなりマシな未来がやってくる、と信じています。

おわりに

「敵を憎むな、判断が鈍る」

本書の原稿をまとめながら、映画『ゴッドファーザー（パート3）』で、血気にはやる若者をマフィアのトップがたしなめる言葉を、繰り返し、思い出していました。

感情が判断に与える影響についての忠告は、生命保険の分野でも通用すると思ったのです。保険が注視させるのは、人生の様々な局面での損失であるせいか、諸々の判断に切実な「願望」が絡むことが多いからです。

かく言う私にも当てはまることです。例えば、必要最小限の保険活用を説いたお客様から、後日「あなた（筆者のことです）の助言に従って、医療保険に入らないことにしたら、健診で大病が見つかった。あなたの仕事が、他人に与える影響について伝えておきたい」といった連絡を受け、平常心ではいられなかったことが一度ならずあります。

この先、また同じようなことがあってもおかしくないと想像すると、保険に入りたがっている人には「（保険に入るのも）いいと思います。自著などで発信しているのはあくまで原則論です」と言って逃げ道も用意しておこうか、などと考えなくもないのです。正しいと思われる選択を勧めることより、お客様から責められないことを優先しそうになるわけです。「原則を忘れるな、発言が変わりやすくなる」とでも自分に言っておく必要を感じる例です。

ともあれ、本書は、青春出版社の中野和彦さんのお力添えなしに世に出ることはありませんでした。相談相手の人選から図表作成まで、文字通り、尽力していただきました。

また、ライターの中村未来さんには、対話のお相手はもちろんのこと、本書の原案作りでも全面的にお世話になりました。私が大幅な加筆・再構成を行ったため、原形をとどめていないページも多々ありますが、8時間を超える録音から起こされた初稿を一読した時「よくぞ、ここまでまとまったものだ」と感じたことを強調しておきます。

さらに、一冊の本が完成にさしかかる頃、いつも思うのは「原稿のことで悩んでいられるのは、日常生活で問題を抱えていないからだ」ということです。あらためて妻への感謝も付記しておきます。

その他、お名前は出せませんが、保険会社や代理店の方々にも情報提供等でお世話になりました。皆さん、本当にありがとうございました。

後田　亨

青春新書 PLAYBOOKS

人生を自由自在に活動《プレイ》する

人生の活動源として

いま要求される新しい気運は、最も現実的な生々しい時代に吐息する大衆の活力と活動源である。

文明はすべてを合理化し、自主的精神はますます衰退に瀕し、自由は奪われようとしている今日、プレイブックスに課せられた役割と必要は広く新鮮な願いとなろう。

いわゆる知識人にもとめる書物は数多く窺うまでもない。

本刊行は、在来の観念類型を打破し、謂わば現代生活の機能に即する潤滑油として、逞しい生命を吹込もうとするものである。

われわれの現状は、埃りと騒音に紛れ、雑踏に苛まれ、あくせく追われる仕事に、日々の不安は健全な精神生活を妨げる圧迫感となり、まさに現実はストレス症状を呈している。

プレイブックスは、それらすべてのうっ積を吹きとばし、自由闊達な活動力を培養し、勇気と自信を生みだす最も楽しいシリーズたらんことを、われわれは鋭意貫かんとするものである。

―創始者のことば― 小澤和一

著者紹介

後田　亨〈うしろだ　とおる〉

オフィスバトン「保険相談室」代表。1959年、長崎県生まれ。長崎大学卒業後、アパレルメーカー勤務を経て日本生命に転職、営業職を約10年間勤める。その後、複数社の保険を扱う代理店に移る。2012年、営業マンと消費者の「利益相反」を問題視し独立。以後「保険相談室」の代表として、保険の有料相談、執筆、講演等をおもな業務とし、独自の視点から情報発信を続けている。『生命保険の「罠」』(講談社)、『生命保険は「入るほど損」?!』(日本経済新聞出版社)など著書・メディア掲載多数。

「保険《ほけん》のプロ」が
生命保険《せいめいほけん》に入《はい》らないもっともな理由《りゆう》　青春新書 PLAYBOOKS

2017年9月15日　第1刷
2019年3月15日　第8刷

著　者　後田《うしろだ》　亨《とおる》

発行者　小澤源太郎

責任編集　株式会社プライム涌光

電話　編集部　03(3203)2850

発行所　東京都新宿区若松町12番1号 〒162-0056　株式会社青春出版社

電話　営業部　03(3207)1916　振替番号　00190-7-98602

印刷・図書印刷　製本・フォーネット社

ISBN978-4-413-21091-1